UNKRAUT

-

Lernen und Wachsen aus dem
Schicksalsschlag Suizid

Für meine Großmutter Regina

und

für Denise

Vorwort

Im Juni 2017 hat mein Vater sich erschossen.
Menschen, die selbst Suizidangehörige sind,
haben die Reise durch Fassungslosigkeit,
Wut, Schuldgefühl und Trauer erlebt, oder
stecken womöglich gerade mittendrin.

Ich habe dieses Buch über eine Reise durch
mein Ich geschrieben, auf die ich mich
unfreiwillig und unvorbereitet begeben habe.
Meine Geschichte ist ein Angebot für all
diejenigen, die zu verstehen versuchen, was
so ein Suizid bedeutet. Sie ist vielleicht das
einzig Positive, das man aus so einer
Erfahrung ziehen kann, die so destruktiv und
schmerzvoll ist.

Ich wünsche mir, mit diesem Buch
Inspiration, Helfer und stiller Wegbegleiter
sein zu können.

Ein ganz normaler Tag

"Ist die Fahrerei nicht total nervig?", fragen mich ausnahmslos all diejenigen, denen ich von meinem Job erzähle. "Diese Lebenszeit, die dir dabei verloren geht! Ich könnte das nicht."

Morgens um 4 Uhr klingelt mein Wecker, ich schaue aus dem Fenster und werde Zeuge der schönsten Sonnenaufgänge. Carsten dreht sich um, er lächelt mich müde an. Ich mag es, wenn sich seine Fältchen am Auge kräuseln, wenn er lächelt. Es wirkt so gütig und liebevoll. Ich atme die Stille der schlafenden Großstadt ein und mache mich auf den Weg nach Chemnitz, 50 Minuten Autofahrt auf der A4. Meine Lieblingsmusik in den Ohren, oder den ein oder anderen Podcast über Gedanken, die andere Menschen so haben, bereite ich mich auf den

Tag vor. Hinter mir fahren noch weitere Pendler, die den Sonnenaufgang im Rückspiegel wohl genauso wertschätzen, wie ich.

"Die A4, da passieren doch täglich Unfälle. Und diese vielen Raser!" Meine Ohren hören die Worte zwar, die versuchen, mir negative Stimmung in mein Gehirn hinein zu implementieren, doch ich lächle nur und zucke mit den Schultern. Es ist ein schöner Tag, die Sonne scheint, ich schaue aus meinem ebenerdigen, halbrunden Bürofenster, das mir einen wunderschönen Blick auf den Stadtmarkt liefert. Die Menschen laufen unbeschwert umher, unterhalten sich freudig gestikulierend und lachen. Ich checke meine Emails, 24 ungelesene, schlage meinen Timer auf und schaue auf das Datum. Ich versichere mich nochmals, dass heute wirklich der Tag ist, der im Kalender steht. Es ist der 30. Juni 2018, 365

Tage nachdem mein Vater sich das Leben nahm.

Am nächsten Tag fahre ich von einem Meeting nach Hause. Ein betrunkener Mann sitzt mir im Zug gegenüber, will über Mozart und Goethe reden, ich habe keine Lust auf seine Sätze zu antworten, die zwischendurch von glucksenden Rülpsgeräuschen unterbrochen werden. Also spricht er mit sich selbst und gibt schlecht gelaunt der Welt die Schuld, dass er trinkt. "Da möcht' man gar nicht mehr leben" sagt er laut. Meine Kehle schnürt sich zu, ich stehe auf und laufe los, weit genug weg, um ihn nicht mehr zu hören. Ich sollte jetzt vielleicht etwas Aufmunterndes zu ihm sagen, habe aber keine Kraft dazu. Ich lege mir Worte im Kopf zusammen, die ich ihm sagen werde, aber als ich Luft hole, um zu sprechen, schießen mir Tränen der Wut in die Augen. 2 Jahre habe ich versucht, meinen Papa aufzumuntern, es

ihm zu Hause hübsch zu machen und ihm
die schöne Welt da draußen zu zeigen.
Immer tiefer zieht er sich daraufhin zurück,
fühlt sich überrannt von meiner "wir schaffen
das zusammen"- und "alles wird gut"-
Attitüde, von der ich so sehr gehofft habe, sie
würde auf ihn abfärben. "Ich brauche dich
doch, du bist mein Papa!" sage ich immer
wieder zu ihm, wenn er mir nicht glauben
will, dass es für ihn noch irgendeine Aufgabe
auf der Erde gibt.
Ich stehe von meinem Platz auf, drehe mich
um und suche mir im nächsten Wagon einen
anderen Sitz. Das gibt mir einerseits ein
schlechtes Gewissen, andererseits weiß ich,
dass das, was ich in meine Augen und Ohren
hinein lasse, aus meinem Mund wieder
heraus kommt. Ich bin, was mich umgibt,
oder zumindest werde ich es irgendwann.
Höre ich diesem Mann also weiterhin
ungefiltert zu und schenke ihm womöglich

mitleidige Blicke? Starte ich einen Versuch, ihn aufzumuntern und ihm meine blühende Sicht auf die Welt zu vermitteln? Wenn ich ihm jetzt weiterhin zugehört hätte, wäre es für den manchmal giftigen Sog der Trauer ein Kinderspiel gewesen, mich an den Füßen zu packen und nach unten zu ziehen.

Also beschließe ich, mich mit Dingen zu umgeben, die mir gut tun und mir Kraft geben. Dieser Mann im Zug hätte mir beinahe ein bißchen der Kraft genommen, die ich im letzten Jahr so mühsam versucht habe, mir wieder anzueignen. Manche würden jetzt vielleicht sagen, die Augen davor zu verschließen, sei nicht das Richtige. Doch ich habe hingesehen, und jetzt schaue ich weiter nach vorn. Die folgende Geschichte erzählt, wie ich mit dem Suizid meines Vaters und anderen Umwegen des Lebens gewachsen bin. Vielleicht hast du ein ähnliches Schicksal erlebt, schöpfst daraus Kraft und ein Gefühl von „es ist Okay".

Letzte Worte

Jede Woche besuche ich meinen Vater. Da wo
er wohnt, bin ich in den ersten zehn Jahren
meines Lebens aufgewachsen, habe im Gras
vor dem Jahrhunderte alten Haus gespielt
und die Häuser von Weinbergschnecken mit
einem schwarzen Filzstift numeriert. Auf
dem Wäscheplatz rennt Balou umher, unser
Jagdhund, den mein Vater von der alten
Holzbank aus beobachtet und sich sonnt. Vati
wohnt allein. Seit meine Mutter ausgezogen
ist, hat er zwar mehrere Freundinnen, doch
mit keiner davon möchte er alt werden. Er ist
ein typischer Einzelgänger, ein wenig eigen
in vielen Dingen. Wir fahren gemeinsam in
die Stadt um einzukaufen, ich bleibe im Auto
sitzen und warte. Danach besuchen wir Oma
im Seniorenheim, ich erzähle ihr alles, was
ich in der Woche so erlebt habe und Vati sitzt
neben mir und liest Zeitung. Wir fahren

13

wieder nach Hause und trinken noch einen Kaffee, ich mit Milch und Vati schwarz mit drei Stück Zucker, ohne Kuchen. Wenn Vati mal Kuchen isst, dann nur mit Mohn. Er hat viele Gewohnheiten, alles muss so sein wie immer, damit er sich behaglich fühlt. Ich flitze durch das Haus, mache sauber und schüttle sein Bett auf. Ich schimpfe, dass er schon wieder die Töpfe hat anbrennen lassen, sodass ich die Kruste so schwer wegbekomme. Später sitzen wir noch draußen auf der Bank, schweigen ein wenig und atmen die frische Luft. Vati fährt sich durch den Bart, Balou liegt zu seinen Füßen und ich bin hier zu Hause.

„So Vati, wir sehen uns nächste Woche! Ich hab dich lieb" sage ich und gebe ihm einen Kuss auf die Wange. Er lächelt, schaut mit seinen faltigen, gütigen Augen zufrieden an mir vorbei und nickt. „Ich dich doch auch, meine Kleine" ruft er mir nach. Als er das sagt, steht er im Korridor auf den beigefarbenen Fließen und trägt ein schwarzes T-Shirt und eine graue Jogginghose. Seine braunen Haare sind zum Zopf gebunden, er fährt sich nochmal durch den Bart und hebt die Hand zum Winken. Während ich zurück in meine Wohnung nach Dresden fahre, wo ich mit meinem Freund Franz seit 8 Jahren wohne, setzt sich Vati in seinen Sessel. Er schlägt eines seiner vielen Bücher irgendwo in der Mitte auf und liest, während er in ein Stück geräucherten Schinken beißt. Das tut er jeden Abend. Neben ihm liegt die Katze vor dem Kamin und schläft schnurrend, während draußen die Sonne untergeht.

Ein Donnerstagabend

Fünf Tage später spielt mein Papa Skat an seinem grauen, eckigen Windows PC, macht das Spiel aus, steht von seinem Stuhl auf, holt den Schlüssel seines Tresors aus der kleinen Hörgerätschachtel, die ganz hinten im Küchenschrank versteckt ist, schließt den Waffenschrank auf, greift zu seiner Doppelbockflinte und nimmt zwei Kugeln mit. Er schließt den Schrank wieder zu, legt den Schlüssel zurück in die Hörgerätbox und geht in sein Hobbyzimmer, in dem zahlreiche Jagdtrophäen an den Wänden hängen. Er setzt sich an den beigefarbenen Holztisch, macht sich noch ein Bier auf, nimmt ein abgerissenes Kalenderblatt und dreht es um. Mit Bleistift schreibt er "meine liebe Diana", weil er weiß, ich komme ihn morgen früh abholen, um gemeinsam einkaufen zu gehen.

Er schreibt noch weiter, legt den Stift beiseite, nimmt noch einen Schluck. Er steht vom Stuhl auf, bestimmt schaut er noch einmal durch das Fenster in die schwarze Nacht. Er lädt das Gewehr. Es muss schwer gewesen sein, es in diese Richtung zu halten. Er legt die Mündung des Laufes in seinen Mund und drückt den Abzug.

Es ist die Nacht vor dem 30.Juni 2017, die das Leben meines Vaters mit in die schwarze Nacht nimmt und meines unwiderbringlich verändert.

Bunt gestreifter Wollpullover

Am Morgen des 30.06. wache ich um 7:00 Uhr auf, habe ein nervöses Gefühl im Magen. Vati ist gestern Abend nicht ans Telefon gegangen. Normalerweise telefonieren wir am Vortag immer, wenn wir verabredet sind, obwohl die Uhrzeit, die wir dann abstimmen, sowieso immer die selbe ist. Und doch sind wir so an unsere Gewohnheit gebunden, dass es uns nervös macht, wenn wir ihr nicht nachkommen. Wahrscheinlich ist er zur Jagd gegangen oder spielt Skat in seiner Herrenrunde, die sich einmal im Monat trifft. Hätte er mir das nicht erzählt?

Ich koche Kaffee, nehme die Tasse und wecke Lemmy, meine französische Bulldogge. Ich gehe durch die Hintertür des Hauses und setze mich auf die kleine dreistufige Treppe, während Lemmy sein Morgengeschäft im Garten verrichtet. Es ist ein herrlicher Sommertag. Ich wähle die Nummer des nächsten Krankenhauses und frage nach, ob mein Vater stationär aufgenommen wurde. „Nein, tut mir leid" antwortet die Frau am Telefon. Es ist ein Deja vú wie vor einem Jahr, als mein Vater an zwei Tagen hintereinander das Telefon unbeantwortet lässt. Ich fahre damals zu ihm, finde nur sein Auto in der Garage vor und eine ordnungsgemäß abgeschlossene Haustür. Angst kriecht in mir hoch, die Worte meines Vaters geisterten durch meinen Kopf. „Schopenhauer hat mal gesagt, man solle zeitig in Würde abtreten". Er liest gern die Werke von Schopenhauer und Nietzsche, die nicht gerade vor positiver Lebenseinstellungen strotzen. Als ich meinen Vater zusammen mit seiner Schwester suche und schließlich bei der Polizei sitze, um eine Vermisstenanzeige aufzugeben, klingelt das

Telefon. Meine Großmutter ist dran, um mir zu sagen, dass mein Vater sich selbst hat einliefern lassen, weil ihn in der Nacht zuvor starke Schmerzen plagten.

Ich wecke Franz, mit dem ich bis dato seit 8 Jahren zusammen bin. Er versucht mich zu beruhigen, sagt, es sei schon alles okay. Ich fahre trotzdem los, versuche, ruhig zu atmen. Ich sage zu mir selbst, vielleicht geht es Vati schlecht, gehe im Kopf durch, was ich alles einpacken muss, um ihn ins Krankenhaus zu bringen. Ich versuche während der Fahrt noch einmal bei ihm anzurufen, wieder keine Antwort. Ich mache mich mental dafür bereit, dass irgendetwas schlimmes passiert ist. Vielleicht ist er gestürzt, vielleicht hat er keine Kraft mehr vom Sofa aufzustehen, weil ihm wieder so schlecht ist.

Als ich die fast 40 Kilometer zurückgelegt habe, fahre ich langsam über die Holzbrücke den Berg hinauf, der zum 400 Jahre alten Fachwerkhaus führt. Die Vögel zwitschern, der Tau auf dem Gras duftet nach frühem Morgen. Vatis Katze springt von seinem Autodach herunter und erschrickt, weil ich so stark bremse und das Auto vor Aufregung abwürgen lasse, weil ich vergesse, den Leerlauf einzustellen, als ich den Fuß hastig von der Kupplung nehme. Ich stelle das Auto vor Vatis Garage ab und lasse Lemmy aus dem Auto. Er bleibt neben dem Auto sitzen, normalerweise rennt er schon vor und sucht Balou, den Jagdhund meines Vaters. Heute nicht, er sitzt neben dem Auto und ich gehe voraus.

Ich klinke die Tür, sie ist abgeschlossen. Das bedeutet, er ist heute noch nicht draußen gewesen, Balou ist also noch nicht gefüttert. Die Gedanken über meinen Vater und über Balou drehen sich wie ein Wirbelsturm in meinem Kopf. Ich muss Vati ins Krankenhaus bringen, ich muss Balou füttern, dann muss ich mich darum kümmern, dass er versorgt ist, während mein Vati in Behandlung ist. Mein Herz rast, ich laufe auf Autopilot. Ich stelle mich auf Zehenspitzen, um durch die Fenster zu schauen. In Der Stube ist er nicht, auch die Küche ist leer. Ich gehe ein paar Meter weiter, zum Fenster des Hobbyraums. Dort liegt das Fenster so tief, dass ich mich nicht auf Zehenspitzen stellen muss. Vor dem Fenster stehen viele kleine Terracottatöpfe, einer davon zerbricht, als ich drauf trete. Ich schaue durch die angekippte Scheibe, schaue auf die Wand, an der die vielen Jagdgeweihe hängen, sehe den hölzernen Tisch, mein Blick bleibt stehen. Etwas Dreieckiges, blutgetränktes liegt auf dem Tisch, ein paar Haare kleben daran, daneben eine blutige Masse. Ich kann die Sekunden nicht mehr einschätzen, die vergangen sind. Ich sehe den bunt gestreiften Wollpullover meines Vaters, er liegt am Boden. Ich schlage gegen das Fenster, schreie meinen Vater an. Der buntgestreifte Wollpullover regt sich nicht.

Ich schreie um Hilfe, laufe hoch zum Auto, Lemmy sitzt seelenruhig, ein bißchen apathisch, da. Ich wähle den Notruf, schreie ins Telefon. Ab da habe ich begriffen, dass mein Vater wahrscheinlich tot ist. Das viele Blut kann ich aber noch nicht einordnen, vielleicht hat er sich aus Versehen geschnitten? Völlig irreal versucht mein Kopf Lösungen für das zu finden, was er durch die Fensterscheibe wahrgenommen hat. „Sie gehen jetzt ganz weit weg von ihrem Vater, dort warten Sie auf uns.", sagt der Mann am anderen Ende. Ich habe mich noch nie so allein und verloren gefühlt.

Ich hocke mich neben Lemmy und schreie den Boden an, versuche zu atmen, hyperventiliere. Die Nachbarn wohnen ein paar hundert Meter weit weg. Irgendwann höre ich „Hey, Hey!" als ein Nachbar den Berg hoch gehastet kommt, weil er mich schreien hört. Tiefe Dankbarkeit durchflutet mich in dem Moment, als ein Mensch, der mich in diesem Moment nicht allein lässt, erscheint. Ich brülle ihm alles entgegen, was ich weiß, sage ihm, er solle die Tür eintreten, was er auch tut. Der Spalt in der 300 Jahre alten, blauen Holztür ist so schmal, dass nur ich durch passe. Ich zwänge mich durch, laufe durch den Hausflur hin zur Tür des Hobbyraums, öffne die Tür und finde meinen Vater im bunt gestreiften Wollpullover am Boden, neben ihm liegt seine Doppelbockflinte. Sie ist aus braunem Holz mit zwei schwarzen, metallenen Läufen. Der grüne Filzteppich, der so jagdlich in sein Hobbyzimmer passt, ist dunkelrot und voller Splitter. Ich suche das Gesicht meines Vaters, will sehen, ob seine Augen geschlossen sind, ob er atmet. Dort wo mal sein vertrautes Gesicht war, ist nur noch ein Scherbenhaufen.

Alles dreht sich, ich bin wie im Fieber. Ich drehe mich um, falle auf meine Knie und schaue auf die beigefarbenen Fließen im Hausflur. Ich spüre, wie mir Speichel am Kinn runter läuft, weil ich die ganze Zeit mit offenem Mund schreie.

Was dann passiert, erscheint mir wie ein schlechter Traum. Rettungssanitäter kommen mit ihrem Koffer den Berg hinunter gelaufen, hinein ins Haus, nach wenigen Sekunden kommen sie wieder raus, apathisch auf den Boden schauend. Die Sonne scheint warm und die Vögel zwitschern.

„War sie drin?", fragt ein blondgelockter Sanitäter den Nachbarn, der meine Schultern mit beiden Händen festhält, weil ich so zittere. Er nickt ihnen zu, ich höre hinter mir sein Herz laut schlagen. „Sie haben keine

Schuld.", ist der erste Satz, den man mir sagt, nachdem der Sanitäter sich mir vorstellt. Seine Stimme ist schön, sie spricht leise und herzlich mit mir. „Wir holen jetzt einen Notfallseelsorger, mit dem Sie sprechen können, wenn Sie möchten."

„Mein Beileid. Sie trifft keine Schuld."

Kurze Zeit später kommt die Kripo, geht an mir vorbei ins Haus hinein, kommt wieder raus, schaut auf den Boden. „Mein Beileid. Wir sind von der Kriminalpolizei Dresden."

Der Sanitäter holt Vatis Portmonee aus der Küche, er benötigt seinen Personalausweis. Als er wieder raus kommt, will ich den Ausweis sehen. Da schaut mich mein Vater an von seinem ernsten Foto. Ich kann nicht begreifen, dass er wenige Meter hinter der Steinmauer des Hauses auf dem Fußboden in seiner eigenen Blutlache liegt.
Der Notfallseelsorger ist mittlerweile

angekommen, er stellt sich vor, „Ich bin
Martin. Mein Beileid zu deinem Verlust. Ich
werde jetzt zu deinem Vater gehen." Lange
habe ich mich gefragt, warum er das getan
hat. Als ich auf der Homepage des
Kriseninterventionsteams nach dem
typischem Hergang einer Intervention suche,
steht dort „Gang zum Toten". Es diene dazu,
sich in die Lage der Angehörigen hinein
versetzen zu können. „War sie da drin?" „Sie
hat ihn gefunden.", antwortet der Nachbar.
Martin schluckt und setzt sich neben mich
auf die Holzbank. Er hat eine kleine
Stoffmappe dabei, auf der sein Name steht.
Er gibt mir ein Taschentuch und erzählt mir,
dass er vor einigen Jahren seinen Bruder
suizidiert aufgefunden hat. Ich schaue ihm in
die Augen und wundere mich über das
Adverb „suizidiert", ich habe es vorher noch
nie gehört, geschweige denn benutzt. Jetzt
gehört es zu meinem Wortschatz.

Martin ist ab diesem Moment wie eine schützende Käseglocke für mich. Als die Sanitäter mir Beruhigungsmittel verabreichen möchten, hält er sie davon ab. „Die braucht sie nicht."

Er nimmt mein Handy und fragt, ob er jemanden anrufen darf, der mich unterstützen kann. Er wählt Franz' Nummer und geht ein paar Schritte weg. Ich höre nur noch leise „...etwas Schlimmes passiert..."

Franz kommt sofort. Martin fragt, seit wann wir ein Paar sind. Scheinbar spürt er eine Distanz, die ich noch nicht einmal spüre. Er hat wirklich gute Fühler.

Immernoch liegt mein Vater hinter uns auf dem Boden und ist tot. „Du hast keine Schuld.", sagt Martin. Ein Kripobeamter fragt mich, ob mein Vater Andeutungen gemacht hätte. Ich bejahe das. Alle, die um mich herum stehen, schauen mich fragend an. Ungefähr zehn mal werde ich nach dem

Schlüssel des Waffenschranks gefragt, es sei
wichtig, die Waffen zu konfiszieren.
Irgendwann merkt Martin, dass ich keine
Kraft mehr habe, immer unruhiger werde,
einfach überfordert bin mit all den Fragen
und den Beileidsbekundungen. In meinem
Kopf war der Tod noch nicht angekommen.
Die Kripo unterhält sich über die „Leiche".
Mein Vater ist doch keine Leiche!
Martin bringt mich und Franz zu meiner
Mutter, weg von meinem Zuhause, das ab
diesem Zeitpunkt ein Tatort ist. Ab da fühle
ich mich wie ein Nomade, auf der Suche nach
Zuhause.

Ist Zuhause ein Wo oder ein Wer?

Vati

Mein Vater ist in den Fünfzigern geboren
und war das zweite von drei Kindern. Meine
Großeltern zogen aufs Land, als er ein Jahr
wurde. Meine Mutter und er lernen sich in
Russland kennen, als er an der Trasse
arbeitet. Er lehnt sich lässig an seinen Lada an
und streift sich durch seinen Bart, während
Mama ihm schöne Augen macht, als sie zur
Arbeit läuft. Sie arbeitet im Kino, malt
Filmplakate. Vati verbringt fünf Jahre in
Russland, lernt die Sprache aber nicht. Sie
schreiben sich Briefe, als er wieder in
Deutschland ist, die sie beide mühsam mit
dem Wörterbuch übersetzen. Das erste Mal
besucht meine Mutter ihn zu Hause auf dem
Land, beim zweiten Mal bringt sie meine
Schwester Anna mit, die sie aus ihrer ersten
Ehe hat, und bleibt.

Sie heiraten heimlich, spontan fahren sie in Jeans zum Standesamt. Mein Vati kauft eine Flasche Sekt und trommelt zu Hause die Großeltern und seine Schwestern zusammen. Ohne viele Worte köpft er die Flasche und schenkt ein. "Ich glaube, sie haben geheiratet" flüstert meine Tante ihrer Schwester ins Ohr, und macht sich schnurstracks auf den Weg zum Floristen.

Mein Vater ist kein Mann großer Worte. Er schätzt die Stille, meidet die Großstadt und viel Getrubel. Als kleines Kind ziehe ich ihn immer an seinem Rauschebart. Er liebt mich sehr, ich klebe an ihm wie ein kleines Äffchen. Nach meinem ersten Geburtstag kommt Greif in die Familie, ein deutscher Wachtelhund, der täglicher Begleiter meines Vaters wird. Er ist Jäger, nimmt mich mit in den Wald, um Futterkrippen für Rehe zu befüllen und lehrt mich alles, was er über die Natur weiß. Im Winter baut er mir ein Iglu, in dem ich spiele. Im Sommer lässt er mittags Greif in mein Zimmer, wenn ich mal wieder zu lange schlafe. Greif springt ins Bett, packt mit den Zähnen den Deckenzipfel und zerreißt ihn. Vati lacht, seine Zähne blitzen durch den lockigen Bart.

Das Haus ist über vierhundert Jahre alt, wir heizen mit Kohlen und Holz. Manchmal, wenn ich mich nicht traue, meiner Mama zu beichten, dass ich die Schulschnitten nicht alle aufgegessen habe, verstecke ich sie in meinem Kleiderschrank. Dann kommen nachts die Mäuse, die hinter den alten Holzdielen wohnen und freuen sich über das Festmahl.

Meinem Vater steht der kulturelle Protest gegen das Establishment der Sechziger Jahre noch immer auf die Stirn geschrieben. Er ist ein Filou, der die Frauen liebt und Whisky trinkt. Er betrügt meine Mutter, sie verlässt ihn nach einigen Versuchen, die Ehe doch noch zu retten. Ich werde vor die Wahl gestellt, bei wem ich bleiben möchte. Ich fühle mich, als würde ich beide verraten, egal wie ich mich entscheide. Ich bin zehn, als meine Mutter zu mir sagt "Ich werde aus diesem Haus ausziehen". Ich habe noch nie so laut geschrien und war ihr unheimlich böse. Aus meiner kindlichen Sicht gibt es nichts Schlimmeres, als Eltern, die sich nicht mehr lieb haben. Mein Rahmen bricht zusammen. Unter der Woche wohne ich bei Mama, am Wochenende bin ich bei Vati. Sie kocht mir meine Leibgerichte und kuschelt mit mir. Er kauft mir Waldmeisterbrause und wir zelten im Sommer vor dem Haus. In diesen Momenten bekomme ich das Beste aus beiden Welten. Mama fehlt, sie hat sich immer darum gekümmert, dass alles hübsch aussieht. Später mache ich das Haus sauber, helfe ihm beim Einkaufen, wenn er nicht weiß, wo im Supermarkt Ohrenstäbchen zu finden sind. Er schämt sich dafür, dass seine Tochter bei ihm putzt. "Keine Widerrede" sage ich zu ihm, "das ist schließlich auch mein Zuhause".

Mama und ich wohnen ein paar Jahre zusammen, bis ich achtzehn bin und zu Franz ziehe, nach Dresden, auch um dort zu studieren. Er ist meine erste ernsthafte Beziehung. Später gehen wir zusammen für ein Jahr nach Kanada.

Mama zieht zu ihrem Freund, den sie später genauso heimlich und spontan heiratet, wie Vati damals. Auch der Vater meiner Schwester hat sie damals betrogen. Sie ist in ein fremdes Land ausgewandert, hat die Sprache gelernt und nun wieder ihren Anker, meinen Vater, verloren. Nie gibt sie mir das Gefühl, dass wir irgendetwas nicht überstehen können. Sie ist die willensstärkste Frau, die ich kenne, nimmt mehrere Jobs gleichzeitig an, um die Miete zu bezahlen und mit mir Urlaub zu machen. Meine Eltern sind die aufopferungsvollsten und gleichzeitig resolutesten Menschen in meiner Welt.

Würde

Mein Vater lebte seit einigen Jahren allein, teilweise selbst gewählt. Ihn stresst ein Leben in der Stadt. Wenn wir in der nächsten Kleinstadt gemeinsam einkaufen gehen, runzelt er die Stirn und greift sich an die Schläfe, als wäre der Lärm unerträglich. Ich sehe, dass es ihm immer schwerer fällt, die Geräusche und Stimmen zu filtern, zu fokussieren. Sichtlich erleichtert zeigt er sich dann, wenn wir nach Hause kommen, langsam an dem großen Teich vorbei fahren, in dem man manchmal Zuchtforellen umher treiben sieht und den ein paar Birken umsäumen. Bis zum nächsten Nachbarn sind es etwa 300 Meter, Stille erfüllt die Luft in Hennersdorf. Mein Vater verbringt hier sein ganzes Leben, schläft abends mit dem Zirpen der Grillen ein und wacht mit dem

Zwitschern der Vögel auf. Manchmal übernachtet er bei einer Freundin, die er nach der Scheidung von meiner Mutter hat, sie wohnt in einer Stadt direkt an der Bundesstraße. Mein Vater tut kein Auge zu. Die Beziehung scheitert.

„Los Vati, wir schalten eine Partneranzeige und dann suchen wir dir eine Jägersfrau" sage ich zu ihm. Er lacht laut, seine Zähne glänzen, „Ach, hör auf. Das will ich nicht, ich brauche meine Ruhe."

Als mein Vater den Führerschein verliert, abonniere ich für ihn eine Tageszeitung. Einen Kabelanschluss hat er nicht, weil Fernsehen ihn nicht interessiert. Das ist eins der Dinge, die mich geprägt haben. Auch ich habe später keinen Fernseher in meiner Wohnung. Manchmal setze ich mich neben ihn und wir lesen gemeinsam Zeitung. Die Meldungen aus der aktuellen Politik verärgern meinen Vater oft, er gestikuliert wild und seine Stimme wird immer lauter, als wolle er das Blatt Papier anschreien, das er in der Hand hält. „Da komm´ ich einfach nicht mehr mit", schimpft er. Ich versuche oft, ihm möglichst viele schöne Erlebnisse und Geschichten zu erzählen, damit sich sein Blick auf die Welt nicht weiter trübt. Irgendwann erzählt er mir, dass er nicht 70 werden will. Ich tue das ab, sage zu ihm, er soll mit dem Gerede aufhören. Er wolle doch schließlich noch Opa werden, oder? Er lacht und schaut auf den Boden. Es war unvorstellbar für mich, nicht möglichst alt werden zu wollen um nichts zu verpassen. In der Medizin spricht man vom präsuizidalen Syndrom, wenn Menschen beginnen, über ihren eigens herbei geführten Tod nachzudenken, Wut auf die Welt zu verspüren und sich selbst als Last zu sehen. Heute weiß ich, mein Vater hat Bilanz gezogen über sein Leben und sich sehr lange

Zeit gelassen, über das Ende zu entscheiden. Ich höre ihn oft Sätze sagen wie „es wird doch nicht besser", oder „70, das ist dann kein Zustand mehr". Immer reagiere ich gleich: mit Ablehnung. Ich versuche meinem Vater mit Worten und Taten zu verstehen zu geben, dass ich ihn brauche und er nicht einfach so gehen kann. Mein Vater hört nicht auf, bis ich manchmal mit Tränen reagiere und wütend auf ihn bin. Ich habe nicht verstanden, dass mein Vater einfach jemanden brauchte, der ihn versteht. Oft spule ich im Kopf die Zeit zurück zu diesen Gesprächen und wünsche mir dann, ich hätte anders reagiert und es meinem Vater nicht so schwer gemacht.

In den letzten Wochen seines Lebens ist mein Vater gefangen zuhause. Er verliert seinen Führerschein bei einer Alkoholkontrolle, bei der er gleich anfangs angibt, Alkohol getrunken zu haben. Er hat zu starke

Rückenschmerzen, um zur Bushaltestelle zu laufen und so weiterhin mobil zu bleiben. Um einkaufen zu gehen, muss er warten, bis ich an meinem freien Tag zu ihm komme. Er kann nicht mehr zur Jagd, sein gepachtetes Gebiet liegt zu weit weg, um es zu Fuß zu erreichen. Er ist angewiesen auf Hilfe. Es fällt ihm schwer darum zu bitten.

Manchmal ist in meinem Kopf die Tatsache, dass mein Vater blutig im Staub lag schlimmer, als der Suizid. Seine Splitter wurden zusammengekehrt und die Kleidung lag zerknüllt auf dem Boden. Würdelos. Ich glaube mein Vater will sich durch seinen Todesschuss die eigene Würde zurückholen, die Entscheidungsgewalt eindeutig klarstellen. Er beendet damit sein Leid und lässt seine Seele buchstäblich in die Freiheit ausbrechen. Er befreit sich aus der fremdbestimmten Abhängigkeit und fühlt sich nicht mehr als Last. Das klingt alles sehr resolut und heroisch. Eine Sache ist Suizid definitiv, resolut. Eine unumkehrbare Entscheidung. Für mich ist das alles eine Möglichkeit, mich in ihn hineinzuversetzen und diese schreckliche Entscheidung zu verstehen. Lange bin ich gefangen zwischen Mitleid, Wut und Akzeptanz. Dieses Pottpouri an Gefühlen ist schwer zu filtern, deshalb befasse ich mich mit jeder möglichen Perspektive, von der aus sich der Tod meines Vaters betrachten lässt.

Heute ist mir klar, dass Autonomie eines der beiden psychologischen Grundbedürfnisse des Menschen ist. Neben dem Bedürfnis von Bindung streben wir danach, in ausgewogenem Maße unseren Freiraum zu haben und gleichzeitig ausreichend soziale Beziehungen pflegen zu können. Heute verstehe ich, in welch unautonomen Zustand sich mein Vater durch den Alkohol, den daraus resultierenden Verlust seines

Führerscheins und damit das „Festsitzen" zu Hause gebracht hat. Sein Bedürfnis nach Bindung konnte ich allein als seine Tochter nicht stillen.

Das, was ich als Unterstützung in einer krisenhaften Lebenslage betrachtet habe, war für meinen Vater sicherlich ein zusätzlicher Verlust von Autonomie, da ich ihn gegen sein Verlangen so umsorgt habe, wie Eltern es mit ihren Kindern tun würden. Man nennt dieses Phänomen „Parentifizierung", also gewissermaßen den Tausch der Eltern- Kind-Rolle. Im Nachhinein kann ich mir nur vage vorstellen, wie diese Situation an der Würde meines sonst stolzen Vaters gekratzt haben muss. Ich habe versucht, ihm durch das Abonnieren der Tageszeitung, das säubern des Hauses und neue Kleidung auf meine Art ein Stück Würde zu geben. Ihm ist diese Parentifizierung natürlich nicht entgangen. Immer wieder möchte er mir ein bißchen

Geld zustecken, um die Rollen wieder ein Stück zu drehen, doch ich lasse ihn nicht und glaube, ihm damit einen Gefallen zu tun. Es ging ihm nicht darum, finanziell auszugleichen, was ich für ihn in dieser Zeit aufwendete, sondern um die reine Geste. Wenn ich die Zeit zurückspulen könnte, würde ich erkennen, wie wichtig dieses klitzekleine Symbol von Autonomie gewesen wäre.

Würde bedeutet, sich seiner eigenen Wirksamkeit bewusst zu sein. Daraus ergibt sich das Gefühl, sein Leben frei gestalten zu können und zumindest einen großen Teil seines Schicksals in der Hand zu haben. Würde ist wie ein innerer Wegweiser, der dabei hilft, Richtungen und Lebenssituationen neu zu bewerten und zu justieren. Wenn man erkennt, wo die eigene Würde beheimatet ist, tut man einen bedeutenden Schritt in Richtung Freiheit.

Freiheit bedeutet in jenem Falle für jeden Menschen etwas Anderes. Als mein Vater sich mit dem Gedanken auseinandersetzt, sich zu töten, denkt er unweigerlich über seine Würde nach und entscheidet, so wie in dieser Situation nicht mehr würdevoll weiter sein zu können. Für ihn bedeutet Freiheit in diesem Moment, keine physischen Beschwerden mehr zu spüren, keine psychische Belastung durch den Verlust des Führerscheins und der daraus entstandenen Abhängigkeit mehr zu erleben. Sicher ist meinem Vater klar geworden, dass er Hilfe benötigt, um sich aus dieser Misere zu befreien. Sein autonomes Bedürfnis lies ihn aber nicht nach genau dieser lebensrettenden Hilfe fragen. Diese vermeindliche Art der Rückkehr zur eigenen Würde ist ein kompletter Gegensatz zu allem, was wir sonst mit ihr in Verbindung bringen: die Fähigkeit uns unter widrigen Umständen nicht selbst zu verlieren.

Ich sitze in Leipzig am Bahnhof und warte
auf den Zug, der mich von einem Meeting
zurück nachhause bringt. Es ist ein herrlich
sonniger Herbsttag, die Menschen essen bei
goldenen 17° ein Eis und tragen die Jacken
über die Schulter geschwungen.
„Der Zug nach Dresden Hauptbahnhof
erreicht den Bahnhof mit 90 minütiger
Verspätung" tönt die Lautsprecherdurchsage.
Raunen geht durch die Massen, die schon
wartend am Bahnsteig stehen und sich die
Sonne auf die Nase scheinen lassen, während
sie außerhalb des Bahngebäudes im
Raucherbereich stehen. Intuitiv denke ich,
was für ein schöner Tag für einen Gleis-
Suizid. Gut, dass mich keiner außer mir selbst
beim Denken hören kann.
Statistisch gesehen nehmen sich die meisten
Menschen in den Monaten Mai bis Juli ihr

Leben, jedenfalls laut Klarzahlen des Statistischen Bundesamts. Sicher werden viele Tode als Unfall abgetan, die keiner sind. Grau und regnerisch ist das Wetter von Mai bis Juli jedenfalls nicht, so wie die Vorstellung an einen „guten" Tag fürs Sterben es uns suggeriert. Oft geben die Sonne, die Wärme und Schönheit den Suizidenten erst richtig Kraft, das umzusetzen, was sie vermeindlich planen. Ich erinnere mich noch gut an den Tag, an dem ich meinen Vater das letzte mal sah. Er hatte rote Wangen und strotzte nur so vor Lebenslust und Unbeschwertheit. Er redete so viel wie sonst an drei Tagen. Er strahlte Würde und Ausgeglichenheit aus. Heute weiß ich, er zählt seine letzten Tage und hat für sich eine Entscheidung getroffen. „Nicht weiterleben müssen" ist an diesen Tagen für ihn der Gedanke, der im Vordergrund steht und ihn das tun lässt, was meine

Unbeschwertheit und mein Seelenheil auf die Probe stellt.

Diese Gedanken und Erkenntnisse sammeln sich in einer Art schwarzen Kapuze, die durch ihr allmählich schwerer werdendes Gewicht meinen Hals zuschnürt.

Gefühl von Zuhause

Mein Vater geht schon früh mit zur Jagd, hilft
das Wild hegen und den Bestand regulieren,
damit die Felder von den Bauern bestellt
werden können. Mit 18 legt er selbst die
Prüfung ab und erhält den Jagdschein. Auch
ich wachse damit auf, sammle im Herbst
Kastanien und Eicheln für die Rehe, wir
bringen Heu in die Futterkrippen und
hängen kleine Wattebäusche an die kleinen
Nadelbäume, damit die Rehe sie nicht
abkauen und sie weiter wachsen können. Wir
verbringen viel Zeit draußen, mein Vater
erklärt mir den Wald und ich finde es
unheimlich aufregend, Muffelwidder, Füchse
und Wildschweine aus nächster Nähe zu
sehen. Ich bekomme mein eigenes kleines
Fernglas, mit dem ich vom Hochsitz aus die
Tiere beobachten kann. Es geht bei der Jagd

nicht um die Freude am Tiere erlegen, es gehört für diejenigen, die sie ausüben, zum Kreislauf der Nahrungskette und der Zivilisation dazu. Nicht jedes Tier unserer Wälder hat einen natürlichen Feind, wie zum Beispiel Wildschweine. So vermehren sie sich ohne Grenzen und graben fidel die Felder der Bauern um, die dann Abstriche bei ihrer Ernte machen müssen. So erklärt es mir mein Vater und es erscheint mir logisch.

Irgendwann erzähle ich ihm, ich bin jetzt Vegetarier. Er lacht laut, seine Zähne glänzen und er fasst sich an den lockigen Rauschebart. Oft diskutieren wir über diese Kontroversen, er hört mir interessiert zu und schaut nach unten, schweigend. Ich liebe es, mit meinem Vater zu diskutieren, er ist ein unheimlich kluger Mann. Er liest alles, was ihm in die Hände gerät und hat zu allen Dingen seine Gedanken und Kommentare.

Ich erinnere mich gern an die Nachmittage im Wald zurück, als wir spazieren gehen und mir mein Vater die Spuren des Wildes erklärt. Wenn wir abends auf Ansitz sind, landet manchmal ein Uhu auf der Stange des Hochsitzes, nur einen halben Meter von uns entfernt. Auf der Jagd lerne ich still sein, ich kann meinen eigenen Atem regulieren und schaue in die dunkle Ferne. Es ist ein fast meditativer Zustand, den ich bereits als kleines Kind kennenlerne. Wenn mein Vater in der Weite Wild stehen sieht, reicht er mir in Zeitlupe mein Fernglas und deutet in die Richtung. Er zeigt den Daumen nach oben, und bewegt seine Lippen „Jährling", was bedeutet der Rehbock, den wir sehen, ist gerade ein Jahr alt. Zu jung, um ihn zu schießen.

Einmal bringt mein Vater ein Rehkitz mit nachhause. Es liegt bei der Maisernte im Feld, verlassen von der Ricke. Der Bauer sieht es

vor seinem Hechsler liegen und ruft meinen
Vater an, der es dann abholt, damit es nicht
stirbt. Wir haben das Kitz ein paar Tage bei
uns zu Hause, füttern es mit Milch und
nennen es Bambi. Jeden Tag geht mein Vater
auf Ansitz in die Nähe des Maisfeldes, um
nach der Ricke Ausschau zu halten. Als er sie
entdeckt, kommt er nach Hause und bringt
Bambi am nächsten Morgen in die Nähe des
Feldes, um auf seinem Hochsitz zu warten,
bis die Mutter es findet. Sie zögert ungefähr
zwei Stunden und läuft immer wieder
ringsherum, weil das Kitz nach Menschen
riecht. Doch irgendwann ist sie sich sicher,
dass niemand in der Nähe ist und leckt es ab.
Auch das gehört zum Jägerdasein dazu.

Als ich zwölf bin, bastelt mein Vater eine
Zielscheibe aus Pappe und lässt mich
schießen üben. Ich bin total aufgeregt und
stolz, so ein schweres Jagdgewehr zu halten.
Ich schaue durch das Zielfernrohr, visiere die

Mitte der Zielscheibe an und entsichere die Waffe. Als ich die Luft anhalte, brauche ich nur daran zu denken, den Abzug zu drücken und schon knallt es dermaßen laut, dass meine Ohren noch lange danach fiepen. Der Rückstoß ist so stark, dass ich einen blauen Fleck an der Schulter davon bekomme. Ich beschließe, dass mir diese Erfahrung ausreicht und schieße seitdem höchstens mit dem Kleinkaliber auf die Zielscheibe.

Im Herbst kann ich es kaum erwarten, am Wochenende nach Hennersdorf zu fahren, um meine neuen Drachenentwürfe auszuprobieren. Meine Mutter kauft mir weißes Packpapier, das ich dann bunt bemale und mitnehme, damit Vati es mir in seiner Garage auf einen drachenförmigen, leichten Holzrahmen zieht. Dort hat er alles Werkzeug, was man sich so vorstellen kann. Das Auto steht meistens draußen, damit in der Garage genügend Platz ist, um irgendwelche Dinge zu bauen. Angelschnur gibt es genügend im Schuppen, es ist nicht schlimm, wenn sie mal reißt. Auf dem Feld vorm Haus lassen Vati und ich dann jede Woche einen neuen Drachen steigen, bis der Wind das Papier zerreißen lässt und ich wieder einen neuen Drachen malen muss.

Ich verbringe viel Zeit an der frischen Luft, mein Vater hasst Fernsehen. Als unser zwanzig Jahre altes Röhrengerät den Geist aufgibt, ersetzt mein Vater es nicht. Dort, wo mal der Fernseher stand, stehen später Bücher und Fotoalben. Einige der Bücher haben keinen richtigen Einband mehr, weil sie so alt sind, dass sich die dünnen Seiten beim vielen Blättern mit Vatis fettigen Räucherspeck- Fingern irgendwann aufgelöst haben. Er wirft sie trotzdem nicht weg, sie haben etwas Nostalgisches an sich. Als Teenager finde ich es absurd, dass wir kein Fernsehen mehr haben, manchmal langweile ich mich fürchterlich an regnerischen Tagen.

Meine Mutter zeigt mir, wie man russisches Essen zubereitet. Es gibt Pelmeni und Piroggen und für die ganze Familie ist es ein Highlight, wenn sie kocht. Sie heftet meine selbst gemalten Bilder in einen dicken Ordner und lobt mich für mein Talent. Manchmal malt sie mit mir und ich denke mir still, dass ich wohl nie so präzise und genau Dinge mit einem Stift oder Pinsel erfassen kann wie sie. Meine Mutter ist eine echte Entertainerin, die es bei jeder Gruppe von Menschen schafft, Lächeln in die Gesichter zu zaubern. Sie nimmt mich mit auf Ausflüge ins Einkaufszentrum, wenn uns das ruhige Dorfleben mal zu öde wird. Sie lobt mich in den Himmel, wenn ich gute Noten mit nachhause bringe und sagt mir immer wieder, was für ein kluges Kind ich bin und dass ich alles erreichen werde, wenn ich groß bin.

Zuhause ist ein Wer. Wenn ich heute darüber nachdenke, wie ich lebe und was mich geprägt hat, dann brauche ich nur an meine Aversion gegen das Fernsehen zu denken und an meine Büchersammlung, meine Extrovertiertheit vor anderen Menschen und die Tatsache, dass ich keine Woche ohne einen Waldspaziergang vergehen lasse. Die Orte an denen ich mal zuhause war, seien es das Haus in dem mein Vater bis zum Schluss lebte, oder die Stadtwohnungen die ich mit meiner Mutter bezog, sind nur leere Räume. Einer dieser Räume ist heute ein Tatort. Die glücklichen Erinnerungen an die Dinge, die mich so stark geprägt haben, geben mir heute Kraft wenn ich nostalgisch in Gedanken an sie schwebe. Sie machen einen „Umzug" unmöglich. Man kann noch so oft die Adresse wechseln, die wahren Wurzeln werden einzig und allein durch die Menschen gesäht, die auf ihre Art ihr Bestes geben. Meine Eltern haben ihr Bestes gegeben, für mich ein Zuhause zu sein.

Grün

„Mein Ginkgo hat schon wieder neue Zweige" sagt mein Vater beinahe jedes Mal, wenn ich bei ihm bin. Dieser eingetopfte, asiatische Baum ist der ganze Stolz seiner Pflanzenzucht, die die Fensterbretter füllt. Der Ginkgo ist die älteste, bekannte Baumart und seine Blätter werden vorallem in der asiatischen Kultur als Heilmittel verwendet. Wenn wir genauer hinschauen, haben auch wir seine Wirkung mittlerweile entdeckt. „Doppelherz" darf im Arzneischrank meiner Großeltern nie fehlen. Sogar Goethe schrieb ein Gedicht über die Doppelherzpflanze, für seine damalige Geliebte Marianne von Willemer. „Fühlst du nicht an meinen Liedern, dass ich eins und doppelt bin?", dieser letzte Vers wird mir immer im Gedächtnis bleiben.

Wenn ich den Gingko heute anschaue, denke

ich darüber nach, wie lange mein Vater wohl schon „eins und doppelt" war. Einerseits war er ein Mensch, der sein Leben genoss und den es nicht sonderlich kümmerte, was andere über ihn dachten. Andererseits suchte er vergebens nach Halt und Struktur in einer Welt, die sich täglich rasant bewegt und verändert.

Ich denke auch darüber nach, wie mein eigenes Empfinden über seinen Suizid „eins und doppelt" ist. Auf der einen Hand kann ich rational verstehen, weshalb er diesen endgültigen und resoluten Weg gewählt hat. Auf der anderen Seite ist mir unbegreiflich, wie er es zustande gebracht hat, sich mit einem Gewehr buchstäblich zu enthaupten und zu glauben, seine Tochter würde den Rest schon regeln.

Ich weiß nicht, ob mein Vater das Gedicht von Goethe kannte. Ich würde gern mit ihm über diese Doppeldeutigkeit sprechen und ihn fragen, wo ich seinen Ginkgo am besten hinpflanzen soll. Jetzt steht er in meiner Wohnung, wächst und wächst, hat immer neue Zweige.

Wenn es eine Pflanzenart auf der Welt gibt, mit der man mir an meinem Geburtstag keine Freude macht, dann ist es die Orchidee. Ich wusste lange nicht, woher diese Abneigung gegen die eigentlich ästhetisch anmutende, zarte Blume kommt, bis ich mir Gedanken über Zerbrechlichkeit und innere Kraft in mir selbst gemacht habe. Ich musste auf grausame, aber wirkungsvolle Weise lernen, dass unser Herz ein Muskel ist, ein unheimlich kraftvoller Muskel, wie sonst sollte es auch unseren ganzen Körper mit Nährstoffen versorgen. Wir alle tragen einen V8 Motor in uns, der wie ein Perpetuum Mobile läuft und sich selbst repariert, wenn man mal an der Leitplanke hängen bleibt. Dieser Muskel kann reißen, erst horizontal, dann noch einmal senkrecht. Als mein Vater stirbt, reißt mein Herz horizontal. Wenige Monate später reißt es erneut, doch dazu an späterer Stelle mehr.

Mit der Zeit wächst das Herz an der kaputten Stelle wieder zusammen und bildet eine dicke, unzerstörbare Narbe, die wie eine Elefantenhaut einen Panzer bildet. Ich habe mir heute in unangenehmen Situationen des Alltags einen Leitsatz angewöhnt. „Es gibt Schlimmeres.", sage ich dann zu mir selbst. Genau das ist mit der schützenden Narbe am Herzen gemeint. Eine Resilienz gegenüber anderen Widrigkeiten zu entwickeln, bedeutet, Stärke aufzubauen und gewappnet zu sein.

Unser Herz ist der Ursprung aller Liebe, die wir empfinden, also viel mehr noch, als nur ein Muskel. Und doch sprechen wir ihm oft die Fähigkeit ab, zu heilen. Wir stehen vor der Wahl: immer neuen Schmutz in die

Wunde reiben, oder mit der Heilung beginnen? Nehmen wir einen schlimmen Schicksalsschlag als Ausrede, uns selbst zu vergessen und mit wachsen aufzuhören? Als mein Vater die Rasenfläche vor dem Haus ein Stück mit Feldsteinen gepflastert hat, wächst nach wenigen Wochen immer neuer Löwenzahn zwischen den Fugen durch. Egal wie sehr man ihn an der Wurzel packt, er kommt zurück und besteht auf seinen Platz an der Sonne. Er war ja schließlich auch eher da, als diese Feldsteine. Es gibt Schmerz und es gibt schlimme Dinge, aber wie wir damit umgehen, das ist das Entscheidende. Rüttelt man einmal zu stark an einer Orchidee, fällt die Blüte ab und übrig bleibt ein komischer, grüner Stängel. Schönheit von kurzer Dauer, nichts für die Ewigkeit. In Singapur wachsen Orchideen ohne großes Zutun, beinahe wie Unkraut. Hierzulande bezahlen Menschen viel Geld um sich diesen Stock mit Blüte in unnatürlichen Farbtönen auf die Fensterbank zu stellen.

Wenn Löwenzahn blüht, fällt es mir schwer, diese hübsche, gelbe Blume aus der Erde zu reißen und in den Unkrauteimer zu werfen, um diesen dann über den Kompostberg zu kippen. Irgendwann lässt mein Vater den Löwenzahn stehen, zupft die kleinen Gräser rings um die kräftig gewordene Pflanze aus dem Boden und sagt zu mir "Herrlich, dieses Unkraut."

Leere

„Nicht natürlicher Tod" steht in der
Todesbescheinigung meines Vaters. Später
erhalte ich eine Sterbeurkunde, sie sieht
genauso aus wie eine Geburtsurkunde, nur
steht das Wort „Sterbe" darauf. Ein Blatt
Papier in Größe A5, dass den Kreis unserer
Existenz schließt. Wenn jemand stirbt, den
man liebt, ist es unheimlich surreal, ein Foto
der Person anzuschauen. Ich kann nicht
glauben, dass er nicht mehr da ist, dass sein
Körper gerade in einer Schublade im
Leichenschauhaus liegt und wie im Krimi
einen Zettel an der Zehe trägt.

„Möchten Sie ihn nochmal sehen?" Ich sitze
in einem kleinen, cremeweiß gestrichenen
Raum an einem runden Tisch und starre auf
Urnen. Neben mir sitzen meine beiden
Tanten, die Schwestern meines Vaters. Meine

Ohren hören den Satz zwar, aber mein Mund weiß nichts zu antworten. Für mich scheint es unvorstellbar und schaurig, diese Frage zu bejahen. Also schüttle ich den Kopf und frage, wie das denn gehen soll, ohne Kopf. Man könne ihn mit Blumen schmücken, so könnte ich seine Hand noch einmal halten. Ich lehne ab. Ich bereue diese Antwort unheimlich sehr. Ich habe die letzte Gelegenheit verpasst, meinen Vater würdevoll verabschieden zu können und habe ihn zuletzt blutig wie ein Tier im Staub liegen sehen. Das nagt bis heute an mir. Gleichzeitig weiß ich, dass meine Seele in diesem Moment überfordert und zutiefst verletzt ist, sodass die vielen Entscheidungen, die ich treffen muss, einfach einem Ja oder Nein bedürfen. Welche Bestattungsart? Eine Feier? Die Musik?

Wie im Autopilot weiß ich sofort Antworten auf diese Fragen. Ich kenne meinen Vater gut.

Baumbestattung, letztes Geleit mit
Jagdbläsern, bei der Trauerfeier Janis Joplin.
Wir wählen eine Urne, die aussieht wie ein
Baumstumpf, ein Stück einer Schwarzerle.
Vati hätte laut darüber gelacht. Sicher hätte er
soetwas gesagt wie „genau das Richtige für
den Waldschrat".
 Als ich einen Tag später nochmal zum
Bestatter komme, um die Zeitungsannonce
zu besprechen, frage ich, wann mein Vater
ins Krematorium kommt, und verbrannt
wird. Die Dame ruft für mich im
Krematorium an und fragt, wann der genaue
Zeitpunkt ist. Sie schluckt, legt auf und
antwortet leise „jetzt gerade".
Ich atme aus, meine Augen füllen sich mit
Tränen. Ich bin froh, dass sein Körper jetzt
nicht mehr in einer kalten Schublade liegen
muss sondern befreit wird. Meine
metaphorische, schwarze Kapuze fühlt sich
in diesem Moment irgendwie heimelig an,

wenn sie mich sanft umhüllt und mich von der Außenwelt abschottet, um mich in Ruhe denken zu lassen.

Delirium

Als mein Vater stirbt, hinterlässt er einen
Tatort. Ich stehe vor der Entscheidung, einen
Tatortreiniger zu beauftragen und google
danach. Rumpel- Rudi bietet seine
langjährige Erfahrung an, er bittet darum,
Bilder der Verunreinigung zu übersenden
um einen Kostenvoranschlag machen zu
können. „Verunreinigung".
Dieses Wort macht mich wütend, das Blut ist
doch kein Schmutz. Wie kann ich einen
Fremden an das Grab meines Vaters lassen,
der es wie ein Schmutzproblem behandeln
will, sodass irgendwann mal wieder ein
gemütliches Kaminzimmer daraus wird?
Ich kann nicht schlafen. Der Gedanke, dass
Splitter meines Vaters noch auf dem
Fußboden liegen und seine andere Hälfte in
der Kühlkammer ist, quält mich ungemein.
3 Tage ziehen irgendwie ins Land, ich

verbringe schlaflose Nächte, ich kann nicht
mehr Zeit vergehen lassen, es ist Sommer
und verdammt heiß draußen. Ich muss
irgendwas tun, meine innere Verzweiflung
verwandelt sich in stumpfen Tatendrang. Ich
kaufe Desinfektionsmittel und Handschuhe.
Auf meinen Ohren herrscht ein tiefes
Druckgefühl, mein ganzer Körper hat Fieber,
ich kann mich von oben sehen. Im Autopilot
öffnet meine Hand die Tür und ich stelle
mich meiner Angst. Ich reinige den Sterbeort
meines Vaters selbst. Es riecht nach Eisen.
Was noch übrig ist, erinnert an die Überreste
eines überfahrenen Tiers. Ich atme flach und
bin im Delirium.
Ich erzähle nicht vielen davon. Ich erhoffe
mir auch kein Verständnis, warum ich das
tue. Ich konfrontiere mich erneut mit dem
Horror, der noch übrig ist und setze somit
den Grundstein meiner Heilung. Ich bin mir
selbst dankbar, das getan zu haben, auch

wenn es anderen Menschen sonderbar erscheinen mag und ich mir nicht sicher bin, ob ich das überstehen kann. Ich kann.

Immer wieder holen mich Erinnerungen an diese Minuten ein. Heute bin ich froh, mich diesem Grauen gestellt zu haben. Ich habe mich mit dem wahrgewordenen Horror konfrontiert und es geschafft, Herr über meine Gedanken zu werden. Es ist schrecklich, was ich gesehen habe, aber es ist menschlich, natürlich, organisch. Ich habe es für meinen Papa getan, und vielleicht hat es mir geholfen, das alles zu glauben und zu akzeptieren. Ich habe den inneren Kampf gewonnen, kann jederzeit an diesen Ort, dieses Grab, zurückkehren und bin größer als die Angst. Mir kann dort nichts mehr passieren, ich bin dankbar, die Kraft dafür gehabt zu haben.

Manchmal träume ich von diesem Moment, als ich den Raum betrat und sehe mich wieder von oben. An anderen Tagen träume ich von Perspektiven, von denen aus ich meinen Vater gar nicht in der Realität gesehen habe. Es ist, als würde ich über ihn hinweg fliegen, wie er da liegt. Es ist eine seltsame Realität in meinem Kopf.

Ihnen fehlt nichts

Seit einigen Tagen spüre ich eine Enge in der Brust, als käme die Luft, die ich einatme, nicht bis zur Lunge. Wenn ich gewaltsam versuche, tief zu atmen, sticht es im Herzen. Es ist, als hätte mein Herz einen Muskelkater. Ich google die Symptome und folge dem Rat, einen Arzt aufzusuchen. Ich bin niemand dem es leicht fällt, zum Arzt zu gehen. Das Stechen wird so schlimm, dass ich es nicht mehr aushalte. Ich bekomme ein EKG, meine Blutwerte werden getestet. Alles ist normal und gesund.

Kurz danach spüre ich ein Brennen im Bauch, mein Magen fühlt sich an als wäre er verknotet. Auch hier ist alles in Ordnung, nichts fehlt mir. Die Ärztin schaut in ihren Monitor, als sie mit mir spricht. Dann zuckt sie kurz zusammen, wahrscheinlich liest sie

„Suizid in der Familie", aus der ersten Krankschreibung, wegen der ich anfangs überhaupt gekommen bin. Dann fragt sie mit hochrotem Kopf „Gibt es irgendetwas, dass Sie zur Zeit beschäftigt?" und verschreibt mir nach meiner Antwort ein paar Medikamente, die ich mir sowieso nicht aus der Apotheke hole. Ich weiß, dass mein Körper trauert und traumatisiert ist und so zeigt er es mir.

Psychosomatischer Schmerz ist eine Reaktion des Körpers, wenn der Geist es nicht mehr schafft, mit dem Erlebten klarzukommen. Hierzulande ist die Lösung auf Schmerzen immer irgendeine Pille. Betrachtet man den Menschen aber ganzheitlich und nicht nur physisch, so wie es leider die meisten Hausärzte tun, hat man eine Chance, den Ursprung dieser Schmerzen überhaupt zu verstehen und anzugehen. In asiatischen Kulturen gehört es längst zur Allgemeinmedizin, den Menschen als Einheit von Körper und Geist zu betrachten. Somit ist völlig logisch, dass der Körper nicht funktioniert, wenn der Geist nicht in Balance ist. Mediziner, die dieses Buch lesen, mögen mir diese laienhaften Aussagen verzeihen, jedoch ist es gleichzeitig ein Appell, sich von medizinisch weiterentwickelten Kulturen inspirieren zu lassen.

Einigen Menschen ist es unangenehm über die Tatsache zu sprechen, dass sie psychologisch therapeutische Hilfe aufsuchen. Gleichzeitig ist es aber überhaupt nicht schlimm, vom letzten Zahnarztbesuch zu erzählen, oder eine Empfehlung für einen guten Physiotherapeuten auszusprechen. Dabei sprechen wir Deutschen so unheimlich gern über Krankheiten und lesen Magazine, die sich vierzig Seiten lang mit den Gefahren eines Zeckenbisses auseinandersetzen. Wir geben unheimlich viel Geld für Körperpflegeprodukte aus, die uns jünger machen oder schöner, wir versuchen unseren Körper durch Sport und Ernährung möglichst lange fit zu halten. Doch was ist mit unserer Psychohygiene? Wir nehmen es einfach so in Kauf, dass unser Unterbewusstsein mit unzähligen Erlebnissen und Erfahrungen gespickt ist, die uns bis ins hohe Alter hinterher spuken und gewisse Verhaltensweisen auslösen, ja sogar Charakterzüge prägen, ohne das zu hinterfragen.

Heute weiß ich, wie wichtig es ist, etwas für den Geist zu tun. Meine Gedanken entscheiden ganz maßgeblich, wenn auch nicht komplett, darüber, wie es meinem Körper geht. Ich kann Herr sein über ein physisches Wohlbefinden, wenn ich meinem Gedankenkarussell die Möglichkeit gebe, sich mal so richtig auszudrehen, bis es wieder für eine Weile still stehen kann. Ich stelle mir meine Gedanken wie ein Glas mit Wasser vor, in dem aufgewirbelter Schlamm umher schwimmt, der mir die Sicht trübt. Lasse ich das Glas für eine Weile still stehen, setzt sich der Schlamm und ich kann durch klares Wasser schauen.

Wegbegleiter

Herr Winter bittet mich herein, „Frau Zimmermann!", er begrüßt mich immer nur mit meinem Namen und lächelt. Ich gehe in dem schmalen Eingangsflur an ihm vorbei und gezielt auf meinen Sessel. Er krempelt die Ärmel seines beigefarbenen Oxfordhemdes hoch, als gäbe es anstrengende Arbeit zu leisten und setzt sich mir gegenüber. Er überschlägt seine Beine und hält einen Block und einen Stift. Genauso habe ich mir das Gespräch mit einem Therapeuten vorgestellt. Ein Stereotyp, der mir Sicherheit gibt, in einer Zeit, in der ich sie so dringend brauche. Draußen ist das Wetter spätsommerlich warm, auf der Straße am Alaunplatz rattert die Straßenbahn entlang und ich höre das Klappern von Geschirr aus dem Café im ersten Stock. „Wie geht es Ihnen heute?" Diese Frage entscheidet meist darüber, ob ich direkt anfange zu weinen, oder mit einem Schulterzucken antworte und ins Leere schaue. Herr Winter ist geduldig. Manchmal schimpft er gemeinsam mit mir, wie stigmatisch unsere Gesellschaft mit dem Tabuthema Suizid umgeht, dann lobt er mich wieder, wie gut ich es schaffe, meiner Trauer möglichst viele Kanäle zu geben. Manchmal braucht man einfach jemanden, der einem genau das sagt, was man gerade braucht. Herr Winter weiß viel, er erzählt mir, wie in asiatischen Kulturen Geisterhäuser vor dem Wohnhaus platziert werden, damit die Verstorbenen einen Platz bekommen. In anderen Ländern werden die Toten drei Tage lang von engen Angehörigen gepflegt und zuhause verabschiedet, während sie bei uns bis zur Bestattung in einer Schublade der Kühlkammer liegen. Er hilft mir, meinen Blickwinkel zu weiten und beleuchtet das Thema Suizid und Tod von vielen

Perspektiven, die für die meisten Menschen meiner Umgebung morbide und skuril erscheinen. Ich bin froh über diesen professionellen Disskusionspartner, der sich traut, mich nach der Größe und Farbe der Schädelstücke zu fragen, die ich gesehen habe. Dort, wo meine Liebsten mich möglichst weit weg bringen möchten vom Horror und Trauma, taucht Herr Winter mit mir ganz tief ein.

Er schreckt nicht davor zurück, mich nach dem Abschiedsbrief zu fragen, den ich als Foto auf meinem Handy aufbewahre. „Zeigen Sie mal", sagt er mit fast wissenschaftlicher Neugier. Nicht vielen habe ich den Brief gezeigt, der über und über mit Blut gesprenkelt ist. Dabei zeigt mir die Reaktion der wenigen Menschen, die ihn gesehen haben, dass das alles wirklich Realität ist und ich es mir nicht einbilde. Für mich ist Herr Winter manchmal wie ein

Tagebuch, dem ich die Dinge erzähle, mit denen ich mir nahestende Menschen nur verstören würde. Ich erzähle ihm, wie ich meinen Vater fand, wie die Polizei mir vom nächsten Verbleib der Leiche erzählt und mich bittet, den Schlüssel des Waffenschranks zu suchen, bis hin zum Reinigen des Zimmers, in dem er gestorben ist. „Sie denken bestimmt, mit mir stimmt was nicht, dass ich das getan habe", sage ich. „Es ist gut. Das ist sehr gut, dass Sie das getan haben.", antwortet er und erzählt mir schließlich von einem tantrisch buddhistischen Lehrsatz, demzufolge man Ekel überwindet und sich mit der Unausweichlichkeit von Tod und Verfall auseinandersetzt, indem man sich mit abstoßenden Dingen beschäftigt.

Ab dieser Sitzung beschließt Herr Winter, mit mir auf Konfrontationskurs zu gehen. Wir fahren gemeinsam nach Hennersdorf und spielen den 30. Juni immer wieder durch, er ist neben mir und stellt mir Fragen. „Wie war das Wetter?", „was haben Sie gesehen?" Es ist schrecklich, sich traumatisierende Erfahrungen nocheinmal lückenlos von Anfang bis Ende gedanklich vorzustellen. Es löst Emotionen aus, die man nicht erwartet, weil es doch eigentlich vorbei, geschafft ist. Doch letzten Endes ist das das Ventil, den Schrecken entweichen zu lassen und Platz zu machen, für Ruhe.

„Haben Sie schon einmal daran gedacht, sich etwas anzutun?", fragt er mich, wieder mit fast wissenschaftlicher Neugier und ohne Erwartung, was ich darauf wohl antworte. „Ja, klar, mal kurz", entgegne ich darauf. Es bereitet mir in diesem Moment überhaupt kein Unbehagen, diesen Gedanken laut vor ihm zu äußern.

In akuten Krisensituationen ist es ganz

menschlich, diese Art der Flucht kurz im Kopf zu beleuchten. Bedeutsam ist dabei, wie lange und wie tiefgründig man sich in so einer Phase damit auseinandersetzt. Demzufolge ist es nur hilfreich und kann lebensrettend sein, diesen Gedanken an der richtigen Stelle zu äußern und so der Spirale zu entgehen, in das präsuizidale Syndrom abzudriften. Der Wunsch, dort zu sein, wo die liebsten Verstorbenen jetzt sind, ist eine völlig verständliche Emotion in der Trauer. Ich glaube, zwischen „normal" und „abnormal" sollten wir aufhören zu unterscheiden, vorallem wenn es um Suizidtrauer geht. „Ich habe mir vorgestellt, wie es wohl ist, so kurz bevor man seinem Leben bewusst ein Ende setzt. Ob man noch Schmerzen spürt, wohin man geht, und so weiter. Doch dann packte mich ein inneres Licht, dass mir klar machte, dass das kein Wunsch aus meinem Inneren sei, sondern nur Neugier." Herr Winter schaut mich an und nickt interessiert.

Nach ein paar Stunden sitzen wir auf der Holzbank vor dem Haus, auf der ich mit meinem Vater immer gesessen, geschwiegen und den Garten angeschaut habe. Die Sonne scheint mir warm auf die Nase, Herr Winter hat seine Mütze abgenommen und schaut auf den Kastanienbaum, den mein Vater mitten auf der Wiese gepflanzt hat. „Schön sind Sie hier aufgewachsen. Ein bißchen wie auf Bullerbü", sagt er. Ich lächle, atme tief ein und rupfe mit meinen Schuhen wildes Gras aus dem Boden, dass zwischen den Fugen der Steinplatten wächst.

Als ich zurück nachhause fahre, drehe ich mein Radio ganz laut. Es läuft „White Room" von Cream. Mein Kopf fühlt sich leer an, angenehm still, ich kann tief in meinen Bauch einatmen.

Aushalten

Nach der Beerdigung und der Regelung aller
bürokratischen Angelegenheiten fühle ich
mich verloren. Ein Toter hinterlässt
unheimlich viele Pflichten, doch diese
täglichen Aufgaben halten mich an, morgens
aufzustehen und nicht einfach liegen zu
bleiben. Ich überlege mir, wie es wohl wäre,
wenn ich plötzlich sterben würde. Was alles
auf meine Familie zukäme und wie ich es
ihnen so einfach wie nur möglich gestalten
kann. Ich schließe einen
Hinterbliebenenschutz bei meiner
Rentenversicherung ab.

Selbst wenn mein Körper einfach liegen
bleiben will, sagt mein Kopf, steh auf und
mach was. Da musst du jetzt durch. Und

mein Kopf hat Recht, da muss ich jetzt durch, es gibt keine Abbiegemöglichkeit oder das Feld „Gehe zurück auf Los". Ich lerne, was es bedeutet, auszuhalten.

Ich habe seit dieser Zeit verstärkt das Gefühl, in der Natur sein zu müssen. Meinen Hund freut das.

Ich hole meine Kunstsachen wieder heraus und male, abstrakte Dinge, einfach der Laune nach. Ich male oft die Szene, wie mein Vater tot auf dem Fußboden liegt. Oft sehe ich dieses Bild im Traum, jedoch aus anderen Perspektiven, die ich in der Realität nicht sehen konnte. Besonders oft sehe ich ihn aus der Vogelperspektive und male das dann. Ich lese jedes Buch zum Thema Suizidalität und Nahtoderfahrung, das mir in die Hände gerät. Ich denke sogar darüber nach, ein Medium zu konsultieren. Das sind Menschen, die ihrer Überzeugung nach Kontakt zu den Toten aufnehmen können.

Eigentlich weiß ich schon, was mir mein Vater sagen will, ich höre es in meinem Kopf. Ich erzähle das Herrn Winter und er sagt mir, es sei ein Zeichen unserer tiefen Beziehung zueinander, dass ich bereits wüsste, was mein Vater mir sagen wolle.

Eines Nachts habe ich einen Klartraum, ich stehe vor unserem Haus und mein Vater steht neben mir. Er ist viel jünger, sein Gesicht weniger faltig und sein Bauch ist nicht so dick. Er nimmt meine Hand und legt sie auf seinen Hinterkopf. „Siehst du, alles da" sagt er zu mir. Sein Schädel, der ganz normal mit seinen braunen Haaren bedeckt ist, fühlt sich weich an, fast wie die Fontanelle eines neugeborenen Kindes. Ich schreibe diesen Traum gleich am nächsten Morgen auf und bin bis heute fasziniert darüber.
Später lese ich Sigmund Freuds Traumdeutung und bin mit seiner Erklärung

des Wunschtraumes nicht ganz zufrieden. Ich beschließe, dass mein Vater in diesem Traum mit mir Kontakt aufgenommen hat und mir damit sagt „alles ist okay, mir geht es jetzt gut."

Portrait meines Vaters. Acrylzeichnung auf
Papier, 2017

Konfrontation. Kohlezeichnung auf Papier,
2017

Urvertrauen

„Ich liebe dich nicht mehr." Ich stehe im
Badezimmer und hatte mir gerade die Zähne
geputzt, es ist ein warmer Samstag im
Frühherbst und ich mache mich bereit zur
Spätschicht, die in einer Stunde beginnt.
Franz steht im Flur unserer
Dreiraumwohnung, in der wir seit einem
dreiviertel Jahr wohnen. Endlich haben wir
unsere 75 Quadratmeter, im Hausflur ist
weißer Stuck an der Decke. Wir wohnen in
der Neustadt, dem Szeneviertel Dresdens,
das zahlreiche Bars und verrückte
Wohngemeinschaften beherbergt. An den
Wochenenden steht manchmal eine Couch
auf der Straße und die Menschen trinken
Bier, lachen und genießen die Schrägheit
dieses Viertels.

Kurz davor habe ich angemerkt, dass ich

mich freuen würde, mal wieder einen Samstagabend mit ihm zu verbringen. Die Zeit der Trauer war schwer für uns beide. Während ich mich durch Selbsthilfegruppen und Therapiebesuche hangele, trifft Franz sich heimlich mit einer Arbeitskollegin, die selbst in einer unerfüllten Beziehung steckt. Zwei Schicksale, die versuchen, den Alltag zu vergessen.

„Ich liebe dich nicht mehr, oder zumindest bin ich mir nicht mehr sicher, ob ich das alles will." Mir bleibt fast die Zahnbürste im Rachen stecken und mir wird kalt. Nie im Leben hätte ich mit dieser Wendung unserer Beziehung gerechnet. Ich habe das abendliche Wegbleiben von Zuhause einfach als seinen Umgang mit der Trauer und dem Trauma interpretiert. Franz kommt noch an dem Tag des Suizids zum Haus meines Vaters, er wartet dort, bis die Kripo alle Untersuchungen beendet hat, um den

Schlüssel entgegen zu nehmen. Er sieht mit an, wie mein Vater in einem weißen Leichensack zum Wagen getragen wird. Er findet den Abschiedsbrief, auf dem kaum noch etwas zu erkennen ist, und macht für mich ein Handyfoto, da er als Beweismittel mit in die Obduktion geht. Ein paar Tage nach dem ich das Sterbezimmer meines Vaters zunächst allein reinige, hilft er mir dabei, die Wohnung meines Vaters auszuräumen, er reißt den blutgetränkten Teppich raus und wirft ihn in den Container. Er schlägt für mich die Möbel klein, auf denen noch immer Blutspuren zu sehen sind und findet ein Schädelteil in der Eckbank, das vom Bestattungsdienst übersehen wurde. Auch er ist traumatisiert. Er betäubt sich mit Alkohol und spricht nicht darüber.

Ich akzeptiere, dass unser beider Weg der Traumabewältigung verschieden ist, aber mit einem Aus hätte ich nach 8 Jahren, 20

Ländern, die wir bereist haben und unserer Dreiraumwohnung, die nicht umsonst drei Räume hatte, nicht gerechnet. Mein Herz reißt in diesem Jahr ein zweites Mal.

Wir haben eine Woche darauf beide Urlaub und einigen uns darauf, getrennt zu verreisen. Jeder hat eine Woche nur für sich und kann sich darüber klar werden, was passieren soll. Franz fliegt nach Israel, ich buche ein Ticket nach Spanien und werde ein Stück vom Jakobsweg gehen.

Vier Jahre zuvor lasse ich mich taufen und nehme in den Wochen vor der Osternacht an einem Abendkurs teil, um mehr über die Geschichte des Christentums zu lernen. Jeder aus der Gruppe bekommt eine Postkarte, anhand der er sich vorstellen soll. Ich bekomme eine Karte mit einer Jakobsmuschel darauf und erkläre, dass Muscheln zwar zerbrechlich scheinen, sie aber durch Wasser und Sand im Meer herumgewirbelt und so geformt werden, ohne zu zerbrechen. Ich liebe es sehr, wenn sich Dinge fügen, und man diese Fügung an so vorerst unbedeutenden Hinweisen erkennt.

Ich schaue in den Spiegel, sehe meine dunklen Augenränder und den zerzausten Dutt und frage mich, wann der Berg kommt. Nach jedem Tal kommt wieder ein Berg, heißt es doch. Ich habe Hoffnung, worauf genau weiß ich nicht. In einem Moment polarisiert sich meine Wut, die ich in der Trauer so lange nicht spüren konnte, auf Franz. Ich bin wütend über seine Entscheidung, mich jetzt in dieser Lebenssituation plötzlich nicht mehr zu lieben. Ich bin wütend darauf, dass ich mich selbst dabei in eine Opferrolle begebe. Und ich bin wütend über die Tatsache, dass mir nun noch eine weitere Krise bevorsteht, obwohl ich überhaupt keine Lust mehr habe, zu trauern.

Kopf aus, Füße an

Ich sitze am Gate des Flughafen Berlin
Schönefeld und schaue aus dem Fenster auf
das Flugzeug, das mich gleich nach Spanien
bringen wird. Noch nie bin ich in Spanien
gewesen, es wird das 27. Land, das ich
bereise. Ich zähle mit, weil ich ein Ziel habe:
40 Länder, vor meinem 40. Geburtstag. Zu
diesem Zeitpunkt bin ich 25 und sehe der
Erreichung dieses Ziels, 20% der UN- Länder
bereisen zu wollen, positiv entgegen. Ich
habe meinen 25 Liter Rucksack dabei, auf den
ich ein paar Tage vorher schon einen blauen
Aufnäher mit einer gelben Jakobsmuschel
genäht habe. Jetzt bin ich ein Pilger!

Es ist ganz schön warm an meinen Füßen, ich
trage meine Wanderschuhe, damit ihr
Gewicht nicht mit in mein sechs Kilogramm
Handgepäck fällt. Sechs Kilo habe ich dabei,

das soll für die Woche Pilgern reichen. Ich bin gespannt. Ich liebe Flughäfen, weil sie die einzigen Orte auf der Welt sind, an denen Menschen unterschiedlicher Kultur und Ethnologie friedlich miteinander auskommen. Alle haben dasselbe Ziel: reisen. Alle haben ihren Horizont der eigenen Ländergrenze überschritten oder sind kurz davor. Das kostet Mut und Überwindung. Noch nie vorher bin ich allein geflogen, doch inmitten dieser vielen Menschen fühle ich mich nicht allein. Ich bin unheimlich stolz darauf, das für mich selbst zu tun und auf niemanden angewiesen zu sein. Eine afrikanische Frau lächelt mich an, sie trägt einen pinken Turban mit einer goldenen Brosche an der Stirn und ein farblich passendes Wickelkleid. Sie sieht die Jakobsmuschel auf meinem Rucksack und bewegt ihre Lippen als wolle sie sagen: „Buen Camino!" Ich lächle und der Stolz kriecht noch weiter in mir hoch, meine Schultern entspannen sich und ich spüre, wie meine Atmung jetzt auch in den Bauch hineinkann. Ich überlege mir, wann ich das letzte Mal so etwas Nettes zu einem fremden Menschen gesagt oder ihm einfach nur ein wohlwollendes Lächeln entgegnet habe. Es ist überhaupt nicht schwer und kann die Welt für jemanden bedeuten, dessen eigene Welt gerade von einer schwarzen Kapuze bedeckt wird. Ich nehme mir vor, bewusst Menschen anzulächeln, die meinen Blick streifen. Lächeln schüttet Endorphine aus, Glückshormone, die schmerzstillend wirken. Lachen stärkt das Immunsystem und erhöht den Sauerstoffaustausch im Gehirn, sodass die Konzentrationsfähigkeit gesteigert wird. Eine Win Win Geschichte also. Jetzt, wo gerade alles zu zerbrechen scheint, bleibt mir dieses Wissen und hilft mir Atmen.

Im Flieger sitze ich in Reihe 28 am Fenster,

neben mir sitzt eine spanische junge Frau, die wie wild etwas in ihr Notebook tippt. Vor mir höre ich neben Babygeschrei ein Pärchen streiten. Auf Spanisch klingt das viel harmloser, als es wahrscheinlich in Wirklichkeit ist. Ich klappe den Tisch vom Vordersitz runter und lege mein Reisetagebuch hin, es ist ein A5 Ringbuch mit braunem Packpapiereinband. Es tut gut, meine Gedanken aufzuschreiben, dann ist im Kopf Platz für neue.

Ich warte kurz vor der Landung immer sehnsüchtig auf den dumpfen Knall der Räder beim Aufkommen auf der Landebahn. Ich atme mit Nachdruck aus und schließe meine Augen. Dieses Geräusch bedeutet für mich nicht nur Ankommen, sondern auch Neustart und Bestätigung. Es ist immer derselbe Knall, derselbe Soundtrack bevor man den ersten Fuß auf unbekannten Boden setzt in ein Land, das ganz anders ist, als

Zuhause.

Madrid ist eine pulsierende Metropole, sie ist laut und voller Musik, die Menschen sind schön, ihre Sprache klingt gütig und leicht. Ich nehme die Metro ins Stadtzentrum, hier fühle ich mich ähnlich wohl wie in der bunt gemischten Gesellschaft eines Flughafens. Ich fühle mich wohl, das alles hier ist richtig.

Google Maps führt mich von der Metrohaltestelle zu meinem Hostel, ich habe ein Bett im Sechs- Personen-Zimmer gebucht. Es ist im Industriechic eingerichtet und ich mache unheimlich viele Handyfotos von Glühbirnen und Betonwänden. Das Zimmer ist ausgebucht, Handtücher hängen von den oberen Doppelstockbetten und Schuhe stehen unter ihnen. Ich beziehe Bett Nr. 3, eins der Oberen, packe meinen Rucksack in den dazugehörigen Spint und tausche erstmal die schweren Wanderschuhe gegen

stadttauglicheres Schuhwerk ein. Ich bin also
hier, auf spanischem Boden und erkunde
erstmal einen Tag lang die Hauptstadt, bevor
ich mich in den Zug nach Sarria setze, dem
Ort, den Pilger nur noch 114 Kilometer von
ihrem Ziel Santiago de Compostela trennt.
Ich bin immer noch allein, und finde das
immer noch gut und richtig. Zum ersten Mal
denke ich nicht an meinen Vater, zumindest
nicht ständig. Jetzt stehe ich für mich im
Mittelpunkt.

Franz schickt mir eine Whatsapp Nachricht
mit einem Foto, er hat sich zwei
Toastsandwiches gemacht für die Fahrt zum
Flughafen. Sie sind mit Salat, einer Scheibe
Käse und Tomate belegt, genau wie wir sie
immer belegen, wenn wir verreisen.
Natürlich hatte ich auf dem Hinflug genau
die gleichen Sandwiches. Ich weiß noch nicht
mit welcher Erwartung ich an das Ende
dieser Woche gehen soll, fühle mich

einerseits stolz und bereit, von ihm zu hören, die Beziehung ist vorbei, andererseits kommt mir der Gedanke des „Um ihn Kämpfens" immer wieder. Dann denke ich mir, man sollte nicht für Liebe kämpfen müssen, entweder ist sie bedingungs- und kampflos da, oder eben nicht. Dann denke ich an all die romantischen Filme, in denen Paare sich irgendwo in der Mitte treffen, sich um den Hals fallen und alles ist wie vorher, Hochzeit, Kinder, Dreiseitenhof. Dann kommt wieder der Stolz in mir hoch, ich bin eine erwachsene Frau die im letzten Jahr weitaus Schlimmeres erlebt hat, als so eine Trennung. Das wird in nächster Zeit mein Leitsatz, wenn etwas Ungeplantes passiert, „es gibt Schlimmeres". Ich werde noch herausfinden, ob ich meine Kraft dafür aufwenden möchte, etwas zu kitten, was zerbrochen scheint. Mir ist völlig klar, dass eine Beziehung stets Arbeit bedeutet und nicht vollkommen bedingungslos existieren kann. Aber Kampf? Ich frage mich, ob es wirklich Liebe ist, die mich so zweifeln lässt, oder die Frage nach den versunkenen Kosten, wie man in der Wirtschaftspsychologie sagen würde. Als jene werden Kosten (Einsatz, Zeit, Emotionen, Erlebnisse) in der Beziehung bezeichnet, die bereits da sind und in die man Kraft investiert hat. Immerhin waren wir ganze acht Jahre ein Paar. Mir stellt sich die Frage, ob man hier jetzt einfach abbrechen kann, oder es die Zeit, die für eine 25 Jährige nunmal ein Drittel ihres Lebens ausmacht, wert wäre, weiter zu machen. Kann da am Ende überhaupt soetwas wie Glück sein? Diese 114 Kilometer Jakobsweg werden mich Schritt für Schritt zum Ziel führen, auch wenn ich bis dato noch nicht weiß, was das Ziel sein wird.

Ich bin neugierig auf das, was kommen wird und werde nicht enttäuscht.

Laufen

Angekommen in Sarria, dem Startpunkt meines Pilgerweges, übernachte ich in der ersten Albergue, einer Unterkunft nur für Pilger. Dort bekomme ich einen Stempel in meinen Pilgerausweis, der zum Schluss nachweist, wie weit ich gelaufen bin und ob ich eine Compostela, eine Pilgerurkunde bekommen darf.

In den Albergues schlafen manchmal acht, manchmal zwanzig Personen in einem Raum in Doppelstockbetten. Manchmal schnarchen meine Mitpilgerer so laut, dass ich nicht einschlafen kann. Stille kann manchmal eine Strafe sein, von Zeit zu Zeit aber ein Geschenk. Je nachdem, aus welcher Perspektive man sie gerade erlebt.

Meine Haare sind nass vom Nebel, ich habe

Mühe, die gelben Pfeile am Boden oder am Wegrand zu finden, die den Camino de Santiago markieren. Knapp 40 Kilometer habe ich in den letzten beiden Tagen zu Fuß zurückgelegt, und die spüre ich jetzt schon. Meine Füße sind geschwollen und haben dicke, nasse Blasen, mein Knie schmerzt und mein Kopf dreht sich.

So kreisen meine Gedanken wie ein Karussel hin und her zwischen meinem Stolz, das hier allein durchzuziehen, meiner Wehmut, Franz zu verlieren und dann ist da auch noch dieses unsagbare Fragenkonstrukt, dass ich meinem Vater gern stellen würde. Es sind nicht die typischen Fragen einer Suizidhinterbliebenen, wie die Schuldfrage oder die „Ich habe es nicht kommen sehen" Frage.

Ich würde gern wissen, ob er es eine Woche vorher schon präzise wusste, wann er seinem Leben ein Ende setzten würde. Eine Woche

vorher, samstags, habe ich ihn das letzte Mal
lebend gesehen und erinnere mich noch an
seinen Blick beim Verabschieden. Ich hatte es
auch noch eilig an diesem Nachmittag, Franz
und ich waren zu einer Hochzeit eingeladen.
Mein Vater lächelt, er greift sich immer
verlegen an seinen Vollbart, wenn ich ihm
einen Kuss auf die Wange gebe. „Tschüss
Vati, bis nächste Woche!".

Ich würde gern wissen, ob er traurig war, als
er die Entscheidung bewusst traf, oder
erleichtert und froh. Hat er geweint? Mein
Vater hat nie geweint, es fällt mir schwer, es
mir vorzustellen. Hat er sich Gedanken
darüber gemacht, wie man ihn auffinden
würde? Was war sein letzter Gedanke, bevor
er den Abzug drückte? Und vor allem, hat er
den Schuss noch ansatzweise gehört? Eines
weiß ich genau. Er wusste, wer ihn finden
würde. Er wusste, dass ich es sein würde, die
ihn am Freitagmorgen zum Einkaufen

abholen wollen würde und dann seinen entstellten Körper vorfindet. Ich bin mir darüber bewusst, dass mein Vater wusste, ich werde das schaffen. Ich werde alles für ihn regeln, weil ich ihn liebe. Er wusste um meinen starken Willen, den habe ich schließlich von ihm. Resolution ist eine unserer gemeinsamen Eigenschaften, die viele vielleicht als Sturheit betiteln würden, doch resolut zu sein bedeutet für mich nur, es ernst zu meinen. So ernst wie mein Vater tot sein wollte, weiß ich, ich werde das hier überleben. Ich werde stärker aus dieser Erfahrung heraus gehen und so wahr ich meinen Rucksack auf dem Rücken trage, dessen 6 Kilo sich bei Kilometer 55 gerade anfühlen wie zehn Backsteine, so trage ich diese Last seines Todes für den Rest meines Lebens mit mir.

Ich beiße ein Stück von meinem Energieriegel ab und bleibe stehen. Seit zwanzig Minuten

laufe ich einen Berg hoch, links und rechts
Bäume, aller hundert Meter kommt wieder
ein gelber Pfeil, der mir mittlerweile so
vertraut die Bestätigung gibt, dass ich auf
dem richtigen Weg bin. Als ich endlich oben
ankomme, drehe ich mich um und schaue,
wie weit ich gekommen bin. Mir wird warm
und ein angenehmes Schaudern durchflutet
meinen Körper. Die Sonne geht gerade auf,
der Nebel ist weg und ich stehe fast über den
Wolken. Durch das Dunkel, hinauf ins Licht.
Ich stelle mir vor, wie mein Vater als
Leuchtende Wärme aus seinem Körper, dem
Dunkel ausbricht. Dazu musste er seinen
Körper aufbrechen, damit sein Licht
aufsteigen kann. Gedanken wie diese helfen
mir dabei, aus dem Horror des blutigen,
letzten Bildes etwas zu formen, was Sinn
ergibt.
Schritt für Schritt setze ich einen Fuß vor den
anderen, denke an alles gleichzeitig und dann

wieder an nichts. Es ist wie Meditation im Gehen. Zeuge zu sein, wie die Natur sich jeden Tag aufs Neue wandelt, wie unzählige Menschen vor mir, mit mir und nach mir diesen Weg gehen werden, gibt mir ein tiefes Gefühl von Frieden. Irgendwann, vielleicht bei Kilometer 75, spüre ich ein Gefühl von Akzeptanz. Ein Annehmen dessen, was kommen wird. Ich mache mir keine Gedanken mehr darüber, ob Franz wieder zu mir findet oder ob wir unsere Wohnung auflösen und auseinandergehen. Es ist, als füllte sich mein ganzer Körper und Geist mit Akzeptanz. Es kommt, wie es kommen soll und ich bin bereit für diesen neuen Anfang.

Angekommen

Am fünften Tag knacke ich die 114 Kilometer und bin in Santiago de Compostela angekommen. Ich laufe die meiste Zeit allein, im November sind nicht sonderlich viele Pilger unterwegs. Ich stehe also auf dem großen Platz vor der Kathedrale und schaue sie an, ein bisschen ehrfürchtig und gleichzeitig froh. Rings um mich herum stehen viele Pilger mit ihren Rucksäcken, einige halten Wanderstöcke in den Händen, andere machen Selfies in verrückten Konstellationen. Viele von ihnen sind 800 Kilometer gepilgert und seit Monaten unterwegs. Alle sind in Feierlaune, alle haben etwas Großartiges geschafft, egal welchen Weg sie gegangen sind oder wie lange sie unterwegs waren. Alle haben ihre Geschichte, weshalb der Camino sie gerufen hat.

Ich hole mein Handy aus dem Rucksack und will auch ein Foto machen, als ich nach unten schaue. Zu meinen Füßen liegt ein einzelnes Gingkoblatt auf den Pflastersteinen. Ich hebe es auf, schaue es an, drehe mich um und suche nach dem Baum dazu. Es stehen keine Bäume weit und breit auf der Plaza. Ich schließe meine Augen und schüttle ungläubig aber amüsiert meinen Kopf. Mein Vater hat mich die ganze Zeit begleitet und so zeigt er mir es.

„Das wollte ich auch schon immer mal tun" höre ich oft, wenn ich vom Camino erzähle. „Wenn ich noch einmal jung wäre, würde ich auch loslaufen". Für viele Menschen bleibt der Camino ein Wunschtraum, eine blasse Fantasie. Dabei ist er zumindest für uns Deutsche nur einen Katzensprung entfernt und ohne große finanzielle Mittel zu erreichen. Knappe 50 Kilometer vor Santiago treffe ich Pierre, er ist Amerikaner und von

111

Rom aus losgelaufen. Lisa kommt aus Südkorea, wie auch ihre drei Freunde, um den kompletten Camino Frances, die ganzen 800 Kilometer zu gehen. Eins habe ich schnell verstanden: Das Leben kann kurz sein und viel zu oft ziehen Momente und Möglichkeiten an uns vorbei, die wir aus Furcht vor Veränderung nichtmal in Erwägung ziehen.

„Von Freiheit nur zu träumen, ist wie Laufen gegen Wände" singt der deutsche Musiker Friedemann Hinz, als ich meinen Mp3 Player einschalte.
Ein Bruchteil derer, die sich im November 2017 aufgemacht haben, kreuzten meinen Weg und jeder von ihnen hatte ein Ziel vor Augen. Das Ziel war nicht Santiago, sondern immer ein ganz Individuelles. Ich bin froh, dass diese, wenn auch klitzekleine Etappe, Teil meiner Lebensgeschichte geworden ist. Es war verdammt anstrengend, aber es hat

sich gelohnt und ich gewöhne mir ab dieser
Zeit an, Dinge zu tun, die ich mir vornehme,
und sie nicht bloß blasse Träume bleiben zu
lassen.

Ich überlege mir in Santiago, was auf meiner
Beerdigung über mich gesagt werden soll,
wenn es darum geht, was ich in meinem
Leben für mich erreicht habe. Ich setze mir
zum Ziel, mindestens 20% der Welt zu
bereisen, das bedeutet bei 196 UN Ländern,
dass ich 40 davon sehen werde. Ich weiß,
dass Zielsetzungen einen Zeitplan benötigen,
um konsequent umgesetzt werden zu
können. Also setze ich mir ein realistisches
Ziel und ernenne meinen 40. Geburtstag als
den Zeitpunkt, an dem ich die 40
Ländermarke geknackt haben möchte.
Das reicht mir noch nicht, ich möchte mehr
Ziele setzen und sage mir, ich werde ein Buch
schreiben. Stoff gibt's genug. Tja nun.
Als ich weiter grüble und mir vorstelle, wie

meine ideale Zukunft wohl so aussieht,
bemerke ich, dass diese Zukunft überhaupt
nicht dem entspricht, was Franz möchte.
Sesshaftigkeit, Kinder, ich wünsche mir trotz
meines Drangs in die Welt auszubrechen
auch gleichermaßen ein Spießerleben. Franz
wird 30 und möchte das alles nicht. Eine
typische Midlifecrisis packt ihn. Trotz des
Schmerzes, den ich immer noch in der Brust
spüre, überkommt mich eine vollkommene
Logik und die Tatsache, dass ich überhaupt
nicht glücklich werden kann, wenn mein
Partner und ich nicht die gleiche Vorstellung
von Zukunft haben. Nichts war in dem
Moment schlüssiger für mich, als diese
Eingebung, die binnen weniger Sekunden
meine Gedanken beherrscht, sie regelrecht
wäscht.

Ich spanne meine Schultern an, packe das
Gingkoblatt in mein Reisetagebuch und
humple in die Pilgerherberge, um meine

geschundenen Füße nach den letzten 25 Kilometern in ein Duschbecken zu stellen. Ich weiß nicht, ob es genau dieser Weg hätte sein müssen, den ich gegangen bin, um meinem Gedankenkarussell mal so richtig freien Lauf zu lassen. Wahrscheinlich ist es aber genau der Camino, den so viele geschundene Füße vor mir betreten haben, mit genauso schwerer Last auf ihren Schultern, die da nicht ihr Rucksack gewesen ist. Das Magische am Pilgern ist, dass jeder aus einem bestimmten Grund herkommt und die Nähe zur Natur sucht. Man ist also automatisch schon darauf eingestellt, mit sich ins Gericht zu gehen und sich vor Entscheidungen zu stellen, die lebensverändernd sein können. Letztendlich ist es ein ganz normaler Wanderweg, doch er erhält seine Magie durch die Menschen und ihre Schicksale, die ihn gehen.

Franz und ich sitzen am Sonntag gemeinsam

am Frühstückstisch, das haben wir so geplant. Wenn wir von unserer Reise zurück sind, setzen wir uns hin und reden. Ich sehe ihm an, dass er die Worte nicht heraus bekommt, die er so lange schon sagen will. Also tue ich es. Denn ich kann nicht für etwas kämpfen, was nicht meine Bestimmung ist. Für ihn gibt es noch mehr da draußen, das war noch nicht alles. Eine langjährige, gemeinsame Reise geht zu Ende. Wir trinken ein Glas Wein, es ist immer noch Frühstückszeit, und er hilft mir, meinen Kleiderschrank ins dritte Zimmer unserer Wohnung zu tragen, denn ab jetzt hat jeder sein eigenes Schlafzimmer. Wir entscheiden uns dazu, vorerst zusammen wohnen zu bleiben, weil wir beide nicht wissen, wie es weiter geht. Das soll sich bald ändern.

Tanzen gehen

"Lass uns heute abend mal wieder so richtig weggehen, tanzen zum Beispiel" sagt meine Freundin Esther am Telefon. Sie ist sprachlos, als ich ihr eine Woche später von Franz und mir erzähle, denn für sie waren wir das Traumpaar schlecht hin. Keiner hätte mit einer Trennung gerechnet. Was soll ich sagen, ich gehörte bis vor kurzem dazu.
"Du brauchst Ablenkung, das wär doch gelacht!"
Ich freue mich und ziehe mein Lieblingskleid an, ein schwarzes, Kurzarm- Jerseykleid. Eigentlich nichts besonderes, aber ich fühle mich darin sexy und wohl. Ich frage mich, ob ich wohl angesprochen werde, ob Frauen etwas anderes ausstrahlen, wenn sie Single sind.
Esther und Gudula kommen um 9, wir

trinken Wein zuhause und ich erzähle den beiden alles über die Trennung. Wir werten alles haargenau aus, sie glauben, das war noch nicht das Ende und wir stoßen an. Gerade mal eine Woche ist seither vergangen und ich habe mich schon nach Wohnungen umgeschaut, mir einen Plan für mich überlegt. Franz tut das nicht, ist regelrecht beleidigt darüber. Er isst, was ich koche und erzählt mir, wohin er geht, wenn er das Haus verlässt. Als wäre nichts anders, nur die getrennten Schlafzimmer verraten etwas. Mich macht das wütend, ich will Nägel mit Köpfen.

Um 23 Uhr laufen wir los, der Eintritt ist für Frauen frei und wir bekommen ein Glas Sekt am Einlass. Was für ein Bild das wohl ergeben muss, wenn eine Blondine, eine Brunette und eine Schwarzhaarige den Club betreten, ich schmunzle über uns. Ich freue mich, dass ich zugesagt habe, ich habe gute

Laune und Lust, zu feiern. Ich habe genug getrauert in den letzten Monaten, habe einfach keine Kraft und schlichtweg keine Lust mehr darauf. Ich sage sogar meine nächsten Therapietermine vorerst ab.
Ich beschließe mich bewusst dazu, zu Lachen und Spaß zu haben. Das tut gut. „Ich darf Lachen" flüstere ich mir immer wieder selbst zu. So vielen Trauernden ist oft genug zum Lachen zu Mute, doch sie haben Angst vor der Reaktion der Umwelt. Dabei ist Lachen manchmal der Impuls, der unser Herz weiter schlagen lässt.

Ein halbes Jahr später, am Todestag meines Vaters, bin ich wieder hier, im selben Club, und tanze.

Esther holt uns Tequila an der Bar und wir trinken, ich ziehe meine Mundwinkel zusammen und schüttle den Kopf. Gute Laune für drei Euro. Wir tanzen zu dritt und fühlen uns gut, die Nacht ist fantastisch. Irgendwann schaue ich auf und sehe eine Gruppe von 3 Typen, einer davon lächelt mich an, als ich ihn anschaue. Ich lächle instinktiv zurück, weil sein Blick nicht aus meinen Augen weicht. Er tanzt und schaut immer wieder zu mir, bis er dann vor mir steht. "Ich bin Carsten!"

Ich erinnere mich unheimlich gern an diesen Abend zurück, an dem ich ihn kennenlerne. Es ist sein Geburtstag und seine beiden Freunde haben ihn überredet, heute auszugehen. Seine Freundin hat sich vor zwei Monaten von ihm getrennt. Auch er hat beschlossen, dass es ihm heute gut geht, er Spaß hat und das Leben feiert. Es ist ein echter Kennenlern- Klassiker, beim Feiern angesprochen zu werden und Nummern auszutauschen. Immernoch ist es gerademal eine Woche her, dass ich getrennt bin. Immernoch habe ich einen Plan für mich, und der sieht nicht vor, traurig zuhause zu sitzen und ein paar Anstandsmonate vergehen zu lassen, bis ich mich auf jemand Neuen einlasse. Meine Freunde sehen das anders, einige von ihnen zeigen mir ihr Unverständnis. Doch das ist mein Leben, meine Zeit und ich habe mir die Lizenz zum Glücklichsein erteilt. Wer entscheidet, wann ein Zeitpunkt richtig ist?

Wir verlieben uns schnell, sagen uns das auch. Es ist, als ob beide den Wunsch haben, anzukommen und auch keine Vorsicht üben, das laut auszusprechen. Wir haben die gleichen Ziele, leben nach den selben Werten und wir haben änhliche Charaktereingeschaften. Carsten ist zehn Jahre älter als ich. Es ist für uns beide genau der passende Zeitpunkt für einen Neubeginn. Seit dem Tag, an dem wir uns kennenlernen, verbringe ich keine einzige Nacht mehr in meinem "Wg- Zimmer". Irgendwann, nach 3

Monaten einigen wir uns, dass auch Franz aus der Wohnung auszieht und wir finden einen Nachmieter für die traumhafte Neustadtwohnung im Szeneviertel mit Stuck an der Hausflurdecke. Die Wohnung ist sofort wieder vermietet.

Schicksale

Es ist Januar, noch bevor die Wohnung an die neuen Mieter übergeht, und es ist Franz' 30. Geburtstag. Nina, meine Freundin, die gerade mit ihrem kanadischen Freund aus Vancouver zurückgekehrt ist, hilft mir, Franz' Geschenk einzupacken. Er bekommt einen Fallschirmsprung, wir schreiben zusammen ein lustiges Gedicht. Ich sehe es als Abschied, als letzte Geste um 8 Jahre Beziehung ehrenvoll zu beenden und als Respekt. Ich kümmere mich um das Geschenk, trommle Freunde zusammen und sammle Geld. "Warum tust du das?" fragt mich einer von Franz' Kumpels. "Wer würde es sonst tun" antworte ich. Ich frage mich, ob jetzt jeder von mir erwartet, dass ich wütend und auf Rosenkrieg eingestellt bin, es ihm heimzahlen will, dass er mich ein halbes Jahr nach dem

Suizid meines Vaters verlässt. Das Leben ist zu kurz um in einer unerfüllten Beziehung zu leben, denke ich mir dann. Natülich denke ich nicht immer so, das Bedürfnis, innerlich mal so richtig auszuflippen, ist da.

Nina und ich sitzen am alten Holztisch in unserem noch gemeinsamen Wohnzimmer, trinken Wein und lachen. Er wird sich über das Geschenk total freuen, ich weiß, wie lange er sich das schon wünscht.
"Mit Brandon und mir läuft es gerade nicht gut" erzählt mir Nina, während wir das Geschenk verpacken. Brandon ist ihr Freund, ein Kanadier, der für sie den Ozean überquert um mit ihr nach Deutschland zu kommen. Sie haben sich ein Wg- Zimmer gemietet und nun schleicht sich ein wenig der Alltag bei den beiden ein. Während Nina arbeitet, wartet Brandon noch auf seine Arbeitserlaubnis und weiß nichts so recht mit sich anzufangen. Er spricht kein Deutsch, es

ist schwer für ihn.

Ich biete ihr an, in meinem Zimmer zu schlafen, wenn sie Abstand braucht. Ich übernachte sowieso bei Carsten, es ist also frei. Sie ist froh über dieses Angebot und beendet noch am gleichen Abend die Beziehung zu Brandon. Der arme Kerl, denke ich mir, aber das Leben ist zu kurz um in einer unglücklichen Beziehung zu sein.

Der 30. Geburtstag ist am nächsten Tag und ich habe überhaupt keine Lust, dort aufzutauchen. Weil ich das Geschenk habe, nehme ich mir vor, kurz vor Mitternacht hin zu fahren und nach der Geschenkübergabe gleich wieder abzuhauen. Carsten sieht mir an, wie sehr mir diese Angelegenheit auf den Magen drückt und bietet an, mitzukommen. Wir fahren gemeinsam, ein Stein fällt mir vom Herzen.

"Vielen Dank nochmal, dass ich dein Zimmer haben darf!" Nina erzählt mir von der

Trennung und dass es ihr unheimlich schwer fällt, nachdem er für sie in ein fremdes Land gekommen ist um mit ihr hier zu leben.

Wir trinken Cuba Libre und lachen, Franz und Carsten schütteln sich die Hand und Carsten heißt ihn in den Dreißigern willkommen. Eine Bilderbuchszene zwischen Erwachsenen, respektvoll und ohne Groll. Ich bereue nicht, hergekommen zu sein. Es war ein würdiger Abschluss für meinen Kopf, um mich jetzt vollkommen frei machen zu können und mich nur noch auf Carsten zu konzentrieren. Nina verbringt diese Nacht nicht in meinem Zimmer, sondern eine Tür weiter, bei Franz. Diese Tatsache hilft zwar meiner Wut nicht abklingen, dafür ist das Abschied nehmen aber umso einfacher und klarer.

Franz und Nina gehen nach ein paar Monaten zusammen nach Australien. Carsten und ich suchen uns eine größere, gemeinsame Wohnung mit Platz für Zukunft.

Moral, Schuld und andere Mythen

Das erste Mal bewusst lerne ich den Tod im Alter von 4 kennen. Das scheint für viele abstrakt, viele Menschen glauben es sei keine echte Erinnerung sondern ich glaube mich durch Bilder und Gespräche zu erinnern. Doch das stimmt nicht.

Eines Tages klopft mein Onkel Franko an unsere Tür, er und Tante Heidi wohnen im selben Haus. Es ist ein Drei- Generationen Haushalt, den wir mit meinen Großeltern teilen. „Ilko ist tot."

Mein Onkel zittert, er sieht aus, als ob er in den letzten zehn Minuten um zwanzig Jahre gealtert ist. Ilko, sein Sohn, mein Cousin, war 19 und fuhr einen Trabant. Es war ein regnerischer Tag, die Straße glatt und Ilkos Trabant zu schnell für eine Kurve. Er stirbt noch an der Unfallstelle.

Bei Ilkos Beerdigung wird er nocheinmal aufgebahrt, er trägt seinen schwarzen Anzug, den er kurz vorher bei seinem Abitur erst trug. Seine Hände sind zusammengefaltet, die Augen geschlossen. Seine linke Gesichtshälfte sieht komisch aus, plastisch, als wäre es nicht wirklich er selbst. Ich stehe neben meiner Mama, sie hält meine Schultern fest und weint. Ich sage mit meiner kindlichen Stimme laut „das ist doch nicht der Ilko!"

Als ich alt genug bin, um diese Erfahrung Revue passieren zu lassen und zu verstehen, was da genau passiert ist, bin ich meinen Eltern sehr dankbar, dass sie mich zu Ilkos Beerdigung mitgenommen haben. Es gibt kein „alt genug", um dem Tod zu begegnen, wenn man ihn als natürlichen Bestandteil des Lebens betrachten will. Lange habe ich mich gefragt, warum meine Tante und mein Onkel sich wohl dazu entscheiden, ihren am Kopf verletzten Sohn nocheinmal herrichten zu lassen, obwohl das Gesicht nachkonstruiert werden musste. Heute weiß ich, wie wichtig Abschied nehmen ist, auch wenn das Bild des Toten nicht dem des Lebenden entspricht. Begreifen ist ein essentieller Bestandteil der Trauerarbeit und was meine Augen nicht sehen, ist schwer zu fassen. Heute bereue ich zu tiefst, Vati nicht nochmal zum Abschied aufgebahrt zu haben.

Wenig später gehe ich nocheinmal zum Bestatter zurück. Ich erzähle von meiner Reue und bitte die Dame darum, es bei Beratungsgesprächen mit Suizidtrauernden nocheinmal zu betonen, dass die Möglichkeit des Abschieds individuell gestaltet werden kann. Ich bitte sie darum, die Wichtigkeit dieses Abschieds hervorzuheben.

"Was dein Vater dir da angetan hat ist

grausam", "Suizid ist feige", "Das hast du nicht verdient, armes Mädchen", sind Sätze, die ich immer wieder höre, seit mein Vater tot ist. Sie kommen von Menschen mit der Absicht, mich in Schutz zu nehmen und mein verletztes Seelenheil von außen zu stimulieren. Meist reagiere ich innerlich recht explosiv auf diese Aussagen. Für mich ist Suizid weder feige noch einfach. Man muss unheimlich mutig und resolut sein, um seinem Leben ein Ende zu setzen. Vorallem muss das heißen, dass man nicht an etwas Besseres glaubt, keine andere Lösung in Frage kommt und Auswegslosigkeit den Weg zur Hoffnung blockiert hat. Das heißt nicht im Umkehrschluss, dass man sich heroisch verhält, weil man es fertig bringt, sich zu töten.

Mein Vater hat gewusst, ich würde kommen und ihn finden. Er nahm die Waffe mit der stärksten Schusskraft. Das zeigt mir nur, wie sicher es sich war, dass er tot sein wollte. Ich hätte noch so motivierend und lebensfroh auf ihn einreden können, dieser Wunsch saß tief in seinen Knochen. Ich habe ihm die Bestätigung gegeben, dass es mir gut geht, dass er und meine Mutter einen selbstständigen Menschen aus mir gemacht haben und ich problemlos in dieser Welt bestehen werde.

Viele Suizidtrauernde überkommt nach den klassischen Phasen von Schock und Leugnung dann der Zorn. Zumindest in der Theorie nach Elisabeth Kübler Ross. Ich habe den Zorn für mich umgewandelt und übe ihn auf die Welt aus. Auf den Kripobeamten der den Brief meines Vaters als einfaches Beweismittel abtut und ihn mir nie zukommen lässt. Auf die Leute, die Mitleid mir gegenüber empfinden, und ich doch eigentlich kein Mitleid brauche, sondern mein Vater es gebraucht hätte. Auf die

Bestatter, die die blutigen Sachen meines Vaters einfach auf dem Boden liegen lassen, zusammen geknüllt und respektlos. Auf den Sachbearbeiter des Ordnungsamts, der die Waffen meines Vaters abholt und zu mir sagt, die Doppelbockflinte mit der er sich erschossen hat, sei grobschlächtig. Auf Freunde, die verzweifelt versuchen, mir in meiner Trauer zu helfen und glauben, es gäbe da ein Problem, das es mit ein paar Handgriffen zu lösen gilt. Auf den Satz "Alles wird gut."

Auf Franz, weil er mich verlässt. Auf Nina, weil sie so gut zu Franz passt.

Aber nie auf meinen Vater. Ich bin mir darüber im Klaren, dass ich wütend auf ihn sein könnte, weil er mir diesen grauenvollen Anblick geboten hat. Wäre es denn netter gewesen, sich zu erhängen? Eine Überdosis Tabletten zu schlucken? Dieser Gedanke ist eine Backpfeife für jeden Hinterbliebenen, dessen Angehörige einen weichen Suizid einem harten vorgezogen haben. Schmerz kann man nicht aufwiegen. Man kann nicht "schlimm" und "noch schlimmer" vergleichen. Das Herz kennt keine Maßeinheit für schreckliche Schicksalsschläge, alles tut gleich weh.

Er hat mir nichts getan, auf diese Überzeugung bestehe ich in der Therapie bei Herrn Winter. "Er hat Ihnen sehr wohl etwas getan. Er hat ihr Seelenheil verletzt."

Mir fällt es sehr schwer, diese Sicht anzunehmen. Ich sehe das so: mein Vater hat keinen anderen Ausweg mehr gewusst und sich nicht stark genug gefühlt, etwas an seinem Leben zu ändern. Er liebte den Alkohol, er liebte Frauen und mit 63 lässt der Körper ihn nach und nach im Stich. Er will seine Würde zurück. Also geht er.

Er wusste, ich bin ein starker Mensch, ich halte das aus. Er wusste, ich würde alles für ihn regeln. Und irgendwann würde Gras darüber wachsen. Irgendwann würde ich nicht mehr an seinen Tod denken, sondern an sein Leben und was er mir beigebracht hat. Sein Tod wird immer ein schwarzes Loch in meinem Herzen hinterlassen. So wie er sich seiner Ansicht nach vielleicht seine Würde zurückgeholt hat, indem er gemäß Arthur Schopenhauer, den er vergötterte, "beizeiten abgetreten" ist, hat er sich in meiner Welt die Würde genommen. Ich wage zu behaupten, ihn blutig und entstellt auf dem Fußboden liegen zu sehen, schmerzt mich mehr, als die Tatsache, dass er gestorben ist. Tod gehört in unser Leben und ist die logische Folge. Doch wie wir sterben tut Einiges zur Sache, vielleicht nicht für uns selbst, aber für die, die mit unserem Tod leben müssen.

Ich habe verstanden, dass ich als Kind und erwachsener Mensch nicht für das Glück oder die Traurigkeit meiner Eltern verantwortlich bin. Eine ethische Verpflichtung zu spüren ist etwas grundlegend Anderes. Sie bedeutet für mich höchstens, dass ich Hilfe anbiete und sie nicht mit ihren Problemen allein lasse, aber nur innerhalb des Rahmens meiner Möglichkeiten. Fallen ein oder beide Elternteile in die Rolle des „Opfers", dem geholfen werden muss, nennt man das familiäre Delegation. Hat das Kind, natürlich auch im Erwachsenenalter, dann das Gefühl, seine Eltern auffangen zu müssen und ist bestrebt, ihr Halt zu sein, sind die Rollenverhältnisse abermals vertauscht. Das bedeutet im Umkehrschluss nicht, dass nicht auch mal Eltern in Krisen Schwäche zeigen dürfen. Aber Hilfe anzunehmen und die Erkenntnisse aus der Krise auf ihr jeweiliges Leben zu transferieren, ist dann ihre Aufgabe und nicht die des Kindes.

Hätte ich etwas tun sollen? Eine unfreiwillige

Einweisung auf eine geschlossene Station?
Ein Ultimatum („Wenn du nicht aufhörst mit
dem Alkohol, dann....")?

Wie kann ich mich also schuldig fühlen, im
Bezug auf den Suizid meines Vaters? Die
Schuldfrage ist ein oft ungelöster innerer
Konflikt vieler Suizidangehöriger, der schwer
von außen zu beurteilen ist. „Sie haben keine
Schuld" wird mir am 30.Juni 2017 von
nahezu allen Menschen um mich herum
versichert. Woher wollen sie das denn
wissen? Aber ja, sie haben recht. Die
Verantwortung trägt der Suizident allein und
kein Anderer.

Als erwachsener Mensch bin ich für mein
eigenes Glück verantwortlich. Es liegt nicht
in meiner Pflicht, meine Eltern glücklich zu
machen, oder auch sie aus ihrer Traurigkeit
herauszuholen. Diese ethische Verpflichtung,
die wir trotzdem spüren, ist dabei völlig

normal. Natürlich lassen wir unsere Eltern nicht im Stich, wenn sie ein Tal im Leben durchqueren (zumindest insofern wir eine gesunde Beziehung zu ihnen pflegen). Hilfe anbieten hat jedoch nichts mit Verantwortung oder gar Schuld zu tun, denn letzten Endes muss der „Leidende" die Hilfe auch annehmen, oder gar erst verstehen, dass sich etwas ändern muss. Dazu kommt, dass derjenige die Vorteile für sich entdecken muss, die daraus langfristig entstehen. Zum Schluss muss die innere Überzeugung entstehen, das alles auch aus eigener Kraft schaffen zu können.

Dieser Entschluss ist bei gesundem Empfinden von Sinnhaftigkeit eigentlich ganz normal. Das Problem ist nur, wenn keine Sinnhaftigkeit mehr empfunden wird, man sich nicht mehr als Teil eines Großen und Ganzen sieht. Durch selbst gewählte

Isolation hat mein Vater sich in schleichenden Schritten selbst aus dem großen „Wir" unserer Gesellschaft ausgeklinkt.
Diese Sinnhaftigkeit ist wie eine Art Gehirndünger. Er hat sich selbst das Gefühl, bedeutsam zu sein, genommen.

Natürlich haben alle Sanitäter, alle Kripobeamten und Martin Recht, als sie mir immer wieder ungefragt versichern „Sie haben keine Schuld". Die Verantwortung trägt allein der Suizident, der seine Angehörigen und auch alle indirekt Betroffenen vor einen Scherbenhaufen stellt, den kein noch so professioneller Mensch ohne Weiteres einfach wegsteckt.

Vergebung hat nichts mit Gutheißen zu tun. Statt wütend auf meinen Vater zu sein, konzentriere ich mich auf den Liebesbeweis, den er mir mit seinem Abschiedsbrief zeigt.

Ich bin die Person, der er noch etwas zu sagen hat. Auch wenn er mich in seinem Brief nicht um Vergebung bittet, weiß ich doch, dass er es tut. Ich vegebe ihm.

Wenn Sterben einen Namen hat

Es gibt unheimlich viele Bezeichnungen für
das, was man in wissenschaftlicher Sprache
„Suizid" nennt. Medien benutzen oft
„Selbstmord" oder „Freitod" , wenn es um
das Thema geht, freiwillig und durch eigene
Hand aus dem Leben zu gehen. Einige
Angehörige reagieren ablehnend auf jene
zusammengesetzte Substantive, die auf die
Bezeichnung „Mord" enden. Mord ist nach
§211 Strafgesetzbuch ein vorsätzlicher
Tötungsdelikt, der mit dem Strafmaß der
lebenslangen Freiheitsstrafe bedroht ist.
Welch Ironie, denke ich mir, lebenslang der
eigenen Freiheit entzogen zu werden, wenn
man sich selbst ermordet. Manchmal höre ich
„Unsere Lieben sind keine Mörder", wenn es
mal wieder um das Thema der korrekten
Begrifflichkeit geht. Das denke ich darüber:

Mein Vater hat lange darüber nachgedacht, hat es geplant, nicht viel älter zu werden. Er hat sich mit einem Kopfschuss getötet, also auf in meinen Augen grausame Weise ermordet. Er hat eine Straftat gegen sein eigenes Leben begangen. Ich kann also nichts gegen den Begriff „Selbstmord" sagen, wenn er doch so sehr zutrifft. Ich gebe zu, diesem Wort selbst nicht gern in Medien zum Thema Suizid zu begegnen. Für andere vielleicht Haarspalterei, scheint es mir doch von Bedeutung zu sein, wie ich jede Todesart nenne, die mir meinen geliebten Menschen genommen hat. Mein Zuhause ist zu einem Tatort geworden. Ein Tatort ist der Platz, an dem ein Verbrechen begangen wurde. Irgendwie hat mein Vater also mein Zuhause ermordet. Hier ist sie dann manchmal, die Wut, bei der es mir doch so schwer fällt, sie für meinen Vater zu empfinden.

Trigger

Als ich nach der Trennung erstmal in meine eigene Wohnung ziehe, benutze ich den Fahrstuhl, um Kisten nach oben in den vierten Stock zu transportieren. Das Haus ist alt und steht unter Denkmalschutz, es hat wieder Stuck an der Decke und riesige, flaschengrün gestrichenene Holztüren. Im Fahrstuhl kommen mir manchmal Tränen, weil ich glaube, mein Vater steht neben mir und fährt mit. Es riecht nach Buchenteer. Wenn Vati aus dem Wald zurückkam, roch er genau so. Er benutzte Buchenteer um angenagte Bäume zu pflegen, sodass sie nicht an der Verletzung an ihrer Rinde geschwächt werden. Die Blechdose mit der schwarzen, zähen Flüssigkeit steht in unserer Garage und verströmt ihren herben Duft durch meine Kindheit hinweg.

Warum es in diesem Fahrstuhl nach Buchenteer riecht, weiß ich nicht. Verrückt, wie wir Gerüche sofort mit Erinnerungen verknüpfen können.

Als ich wieder zur Arbeit gehe, bin ich noch ein wenig im Vacuum und es fällt mir schwer, die lebensfrohe Kollegin zu geben, die ich normalerweise bin. Ich spreche nicht viel, höre mehr zu und muss manchmal den Raum verlassen, weil es viele banale Dinge gibt, die das Trauma triggern. Zwei Kollegen unterhalten sich über Musik, es geht um Nirvana, eine von beiden fragt „Glaubt ihr wirklich, dass er sich mit einer Flinte erschossen hat?"
Ich versuche noch die heiß aufsteigenden Tränen runterzuwürgen, weil es doch rein gar nichts mit mir zu tun hat, doch mein Kopf tut, was er in diesem Moment für richtig hält. Ich gehe in ein anderes Büro, Ines zählt gerade die Kassen für den Verkaufstag ein.

Sie weiß schon genau, was los ist und öffnet den schweren Eisentresor. Sie holt zwei lose Schlüssel raus und legt sie mir auf die Tränensäcke. „Ist gut gegen die Schwellung!" sagt sie und schaut mich gütig und schmerzvoll zugleich an. Dann setzt sie sich wieder an den Tisch, sortiert die Geldscheine und erzählt mir den Witz, den ihre kleine Tochter ihr heute morgen am Frühstückstisch erzählt hat. Sie ist an diesen Tagen wie ein Schirm, der sich um mich legt, wenn ich gerade nur schwarz sehe.

Ich sitze in der Straßenbahn und schaue aus dem Fenster, es ist ein regnerischer Tag und die Bahn ist voller Menschen. Vor mir sitzen zwei Frauen, sie unterhalten sich über ein bevorstehendes Familientreffen. „Wenn der dort auftaucht, erschieße ich mich" ist das einzige, was meine Ohren herausfiltern. Kamera an, Film ab, sagt mein inneres Auge und spielt den Film wie gewohnt ab. Ich steige bei der nächsten Haltestelle aus und laufe weiter, bei diesem Regen kann keiner Träne von Tropfen auseinanderhalten und ich kann unberührt die Wiederholung in meinem Kopf anschauen, ohne umschalten zu müssen.

Ich sitze erneut im Zug auf dem Weg von München nach Dresden, und komme zurück von einem Meeting, als sich ein leicht angetrunkener Mann neben mich setzt. Er klappt den Tisch vor sich herunter und stellt eine Flasche Bier ab. Ich schaue von meinem Buch auf und er mich zufällig gerade an. „Stört Sie das?" sagt er etwas abgehetzt, auf sein Bier bezogen. Er riecht nach Alkohol, kommt eventuell gerade von einem Fußballspiel, was mir seine Fankleidung verrät. Er atmet schwer und stößt Bier auf. Ich atme flach, zwänge mich so nah ans Fenster wie ich nur kann und hole durch den Mund Luft, um den Geruch nicht ertragen zu müssen.

„Ein bißchen schon, um ehrlich zu sein."
,antworte ich ihm.

„Ich mach den Deckel drauf", sagt er
während er zischend seine Flasche aufhebelt.
In mir steigen Ekel und Wut auf. Ich sage
nichts, versuche mich auf mein Buch zu
konzentrieren. Kurz steigen in mir Tränen
auf, die ich versuche, zu unterdrücken. Der
Geruch von Bier und diesem Mann, der
wahrscheinlich schon einige davon intus hat,
belasten mich so sehr, dass ich die Minuten
zähle, bis der Zug im Dresdner
Hauptbahnhof einfährt und ich endlich hier
raus kann.

Ich kann den Geruch von Bier nicht ertragen.
Noch nie konnte ich das. Heute weiß ich, ich
habe schon als kleines Kind verstanden, dass
das, was mein Vater da den ganzen Tag
trinkt, nicht gut ist.

All das weiß der Mann im Zug natürlich nicht, trotzdem ärgere ich mich über ihn.

Es ist als schwirrten in der Luft kleine Teilchen, die die Repeat- Taste in meinem Gehirn betätigen, wenn ich sie einatme. So läuft die Erinnerung an den Tag, an dem ich meinen Vater tot fand, von vorn bis hinten ab und macht mich scheinbar handlungsunfähig. Einige Teilchen verursachen nicht die gesamte Erinnerung, sondern buffern gleich das Bild von Vatis Kopf. Ich lerne, die Erinnerung ablaufen zu lassen und nicht krampfthaft zu versuchen, an etwas anderes zu denken. Ich gebe mich dem Schmerz hin und lerne ihn auszuhalten. Ich freunde mich an mit dem Gespenst, das in unvorbereiteten Momenten durch meine Gedanken spukt. Vielleicht gibt es sich dann irgendwann keine große Mühe mehr, mich zu erschrecken.

Trauerarbeit

Ich sitze auf meiner Couch, sortiere gerade
die Bücher, die ich aus einer „Gratis- zum
Mitnehmen" Kiste von der Straße
mitgenommen habe. Eins davon hat Robert
Louis Stevenson geschrieben, es trägt den
Titel „Der Selbstmörder- Klub".
Auf Seite 231 schreibt Stevensons Therapeut
über ihn „An schlechten Tagen- und die
waren sehr häufig- kämpfte er
bewunderungswürdig darum, fröhlich zu
sein, wenn auch, wie er ausdrückte, sein Hirn
in einem Zustand trockener Fäulnis war und
es ihm dann stets erschien, als werde er nie
wieder etwas hervorbringen, sodass sich ihm
die Welt verdunkelte."
Manchmal öffnet sich die Schublade meines
Gehirns, in die Themen wie Suizid, Tod und
Zeit gehören. Dann hole ich imaginär die
Dinge heraus, die ich schon weiß und sortiere

neue Gedanken hinein, die ich in Büchern lese, in Filmen sehe oder die Menschen äußern, mit denen ich mich unterhalte. Manchmal weine ich dabei, manchmal betrachte ich diese morbiden Themen in einer fast wissenschaftlich recherchierenden Distanz.

Ich schmiere mir ein Butterbrötchen mit Salz und denke an die Nachmittage, die ich bei Vati verbrachte. Er kauft immer ein Brötchen mehr, weil er weiß, ich bekomme Appetit auf Butter und Salz. „Tu doch noch eine Scheibe Käse drauf, das ist doch sonst so trocken" sagt er dann immer.

Wenn ich dann in das Brötchen beiße, höre ich die Stimme meines Vaters und sehe sein bärtiges, faltiges, Gesicht vor mir, das lächelt, weil ich den Kopf schüttle und mein mit Butter und Salz beschmiertes Brötchen zuklappe, weil es mir so ausreicht. Ich fühle mich zuhause.

An manchen Nachmittagen nehme ich
Lemmy und fahre raus in die Dresdner
Heide. Dort spazieren wir dann über die
Waldwege, Lemmy trägt Stöcke von A nach
B, der Wind bläst mir durch die Haare, es
riecht nach Natur. Das Grün tut meinen
Augen gut.

„Herrlich, wie wirs hier haben. Ich muss gar
nicht Urlaub irgendwo anders machen" sagt
mein Vater, als wir vor einer Lichtung stehen
und gerade eine Wanderung mit unseren
Hunden machen. Mein Vater liebt den Wald,
er ist seine Heimat. Manchmal fährt er mit
seinem Jeep raus, lässt die Scheiben runter
und bleibt einfach nur sitzen, um die Luft zu
atmen und die Bäume anzuschauen. Natur
genießen. Mein Vater war Meister der
Meditation, wusste nur nichts davon.

Wir haben ihn im Wald beerdigt. Viele
Friedhöfe bieten mittlerweile Flächen für
Baumbestattungen an, die nicht dekoriert

und bepflanzt werden, sowie herkömmliche
Urnengräber. Wir haben die Asche meines
Vatis zurück in die Natur gegeben.
Mir fällt es schwer, mich aufzuraffen und
zum Friedhof zu fahren. Es ist ein schöner
Ort, friedlich und grün, fast wie ein riesiger
Park. Für mich ist aber sein Hobbyzimmer
sein Grab, dort hat seine Seele den Körper
verlassen.

Ich besuche eine Trauergruppe, um einmal
im Monat einfach zuzuhören, was andere
Suizidangehörige zu sagen haben. Es tut gut,
sich mit Menschen zu umgeben, die wissen,
wie soetwas ist. Wir lachen viel, weinen auch.
Es bringt mich weiter. Wir tauschen uns über
Literatur aus, die hilft. Wir laden Experten
ein, wie das Kriseninterventionsteam oder
professionelle Trauerberater, um Diskusionen
zu führen.
Für mich ist die Teilnahme an der Gruppe ein
Spiegel, ich reflektiere meine eigenen

Trauerstadien und kann einordnen, dass das gut und fördernd ist, wie ich trauere. Es gibt kein richtig und kein falsch, doch es gibt gesund oder pathetisch.

Nach einem dreiviertel Jahr verabschiede ich mich vorerst von der Gruppe und mache meinen Stuhl frei. Es fühlt sich richtig an. Vielleicht gehe ich irgendwann zurück, wenn mir danach ist. Vielleicht ist mir nie wieder danach.

Trauern bedeutet Arbeit. Es ist nicht so, dass die Möglichkeiten, zu heilen und damit umzugehen, einem einfach zufliegen. In Deutschland gibt es drei Tage Sonderurlaub, wenn eine Beerdigung ansteht. Die Generation unserer Großeltern trägt ein ganzes Jahr lang Schwarz, wenn ein geliebter Mensch stirbt. In anderen Kulturen werden die Toten drei Tage lang im Haus behalten, gewaschen und verabschiedet.

Trauern kann man nicht in eine Zeitspanne

legen und danach entscheiden, nun ists
genug. Bitte jetzt normal weiterleben. Trauer
kann aber auch melancholisch, schön sein.
Ich bin dankbar, eine für mich gesunde
Mischung gefunden zu haben.

Trauern bedeutet auch, ein Ginkgoblatt am
Boden zu finden und sich seine ganz eigenen
Gedanken dazu zu machen, dem nicht
Greifbaren so einen Zugang zu geben.
Posttraumatisches Wachstum bedeutet, aus
dem Erlebten etwas schöpfen zu können, was
uns weiter bringt, auch wenn es anfangs
unvorstellbar scheint. Traumata können
dafür sorgen, dass wir unsere Werte ganz
neu ordnen und für uns einmal neu
entscheiden, was wirklich zählt. Oft ist es die
Frage nach dem Sinn, die man sich als
Suizidangehöriger unausweichlich stellt,
welche uns dabei hilft, etwas Positives aus
diesem sonst schrecklichen Schicksal zu
schöpfen.

Mir ist durch den Tod meines Vaters, die darauffolgende Trennung und das Alleinsein auf dem Jakobsweg klar geworden, dass ich mich nach einer eigenen, stabilen Familie sehne und nach mehr Selbstständigkeit. Ich frage mich, auf welchem Weg ich Sinnhaftigkeit in diese Welt beitragen kann.

Memento

Vor meinem eignen Tod ist mir nicht bang,
Nur vor dem Tode derer, die mir nah sind.
Wie soll ich leben, wenn sie nicht mehr da sind?

Allein im Nebel tast ich todentlang
Und laß mich willig in das Dunkel treiben.
Das Gehen schmerzt nicht halb so wie das
Bleiben.

Der weiß es wohl, dem gleiches widerfuhr;
– Und die es trugen, mögen mir vergeben.
Bedenkt: den eignen Tod, den stirbt man nur,
Doch mit dem Tod der andern muß man leben.

Mascha Kaléko

Trösten und getröstet werden

Wenn ein Angehöriger stirbt, hinterlässt er trauernde Menschen die schier aus ihrem Leben herausgerissen und verloren scheinen. Nichts ist mehr wie es war, man befindet sich in einem Vacuum der Zeit, die stehen zu bleiben scheint. Hinter uns liegt die Vergangenheit, in der dieser gestorbene Mensch Teil unserer Gegenwart war und vor uns liegt die Zukunft, an der nur noch Gedanken und Fotos an ihn erinnern. Während dieses Vacuums scheint der Körper wie gelähmt, man befindet sich irgendwo zwischen Scham, Neugier und dem ständigen „Ist das wirklich mir passiert"- Kopfschütteln. Es fällt schwer, tägliche Hausarbeiten weiter ordentlich auszuführen, viele Dinge verlieren für einige Zeit ihren Sinn und es wird zur großen Leistung, den Knopf der Waschmaschine zu drücken und womöglich die Wäsche auch noch aufzuhängen. Essen und Schlaf, die Grundbedürfnisse des Menschen, werden nur noch beiläufige Notdurft und geraten aus dem Fokus. Man ist schließlich mit dringlicheren Dingen beschäftigt, wie sich ständig zu fragen, „Warum wolltest du sterben" oder für ein paar Minuten die Augen zu schließen, um sie dann wieder zu öffnen und dabei festzustellen, dass immernoch alles wahr ist. Und dann sind dann noch bürokratische Dinge, die man wie im Autopilot regelt. „Hiermit kündige ich das Abonement meines am 30.06.2017 verstorbenen Vaters."

Im Anhang die Sterbeurkunde. Grotesk. Meine Mutter leidet in dieser Zeit gefühlt mehr als ich. Sie trauert darum, dass ich diese Erfahrung gemacht habe und um das Seelenheil ihres Kindes. Ich habe das Gefühl, sie wartet nur darauf, dass ich einen

Nervenzusammenbruch bekomme und man sich um mich kümmern muss. Doch es passiert nicht, ich halte aus, organisiere wie eine Wilde Vatis Beerdigung und räume seine Wohnung aus. Dabei schaffe ich es, mich zu duschen und mit dem Hund raus zu gehen. Das macht meine Mutter völlig fertig, weil ich sie nicht helfen lasse. Sie fühlt sich verloren und selbst hilflos. Ich liebe meine Mutter sehr und ohne ihre Seele an meiner Seite, wäre ich wahrscheinlich auf der Stelle erfroren. Sie weint, wenn ich nicht weinen kann und ist wütend auf Vati, weil ich es nicht bin. Manchmal tröste ich sie, versichere ihr, dass es mir gut geht und ich das schon irgendwie überstehe. Aufmunternde Worte in die entgegen gesetzte Richtung, irgendwie. An diesem Punkt erreicht mich ein Aha-Effekt. Ein lautes, deutliches „Aha" darüber, dass ich in meinem Bedürfnis nach Bindung so geprägt wurde, dass es in den letzten

Lebensmonaten meines Vaters zur Parentifizierung geführt hat, über die ich bereits geschrieben habe.

Ich bekomme viele Anrufe von Freunden und Familie, sie wollen mir beistehen und sich versichern, dass es mir gut geht. Ich werde müde, immer das gleiche zu erzählen oder auf verdutzte Stimmen zu stoßen, wenn es mir doch eigentlich gerade gut geht und mir zum lachen zu Mute ist. Ich frage mich selbst, ob ich jetzt schon lachen darf, die Menschen könnten ja denken, ich würde nicht trauern. Ich gebe zu, ich mache es ihnen nicht leicht. Ich kenne das Bedürfnis, einem Trauernden etwas Gutes tun zu wollen, es ist wunderbare Nächstenliebe. Jedoch ist jeder Mensch in seiner Trauer so unterschiedlich wie sein Fingerabdruck. Es gibt kein Richtig und kein Falsch.

Sarah, Franz´s Schwägerin klingelt eines Tages und hat einen großen Topf vegetarisches Curry gekocht. „Schmeckt super, sollte für ein paar Tage reichen!", sie drückt mich lange und geht wieder nachhause. Wenn ich an diese herzensliebe Geste zurückdenke, schießen mir Tränen in die Augen. Ich erhalte Briefe mit Kondolenzwünschen von langjährigen Freunden, obwohl ich sie schon über Jahre nicht gesehen oder gesprochen habe. Meine Kollegen schicken mir den hübschesten Blumenstrauß, der lange auf meinem Wohnzimmertisch steht und mir Freude bereitet. Es sind stille Umarmungen, die mir so gut tun und mich ein bißchen von der Welt abgeschottet wie in Watte gepackt fühlen lassen.

Viele Wege führen zur Heilung

Ein allgemeingültiges Rezept zur
Trauerbewältigung in Suizidfällen gibt es
nicht. Tränen sollen angeblich so individuell
wie Fingerabdrücke sein, wenn man sie unter
der Lupe betrachtet. Mir ist erst ein Jahr
später so richtig bewusst geworden, was
genau mir geholfen hat, diesen
Gefühlswahnsinn auszuhalten, zu bearbeiten
und daraus zu lernen.

Mein erster Schritt in die Heilung ist die
Konfrontation. Indem ich den Sterbeort
meines Vaters reinige und zu einem leeren
Raum mache, gehe ich an meine Grenzen,
überschreite diese ziemlich wahrscheinlich
auch. Jedoch ist es der erste Schritt um die
Phase der Leugnung zu überwinden und
Akzeptanz für das Geschehene zu
entwickeln. Fast schon ehrfürchtig behandle

ich diesen Raum noch heute, doch er gibt mir die Möglichkeit, diese abstrakte Phrase „der Trauer einen Raum zu geben" wortwörtlich zu behandeln. Sicherlich ist das ein gewagter Schritt in Richtung Trauerbewältigung, jedoch hat er mir gut getan, auch wenn es von außen schwer vorstellbar scheint.

Der Wald war und ist für mich ein Rückzugsort, an dem ich mich meinem Vater besonders verbunden fühle. Wenn ich die frische Luft atme und ins Grün vor mir blicke, fährt meine Seele herunter und ich kann einfach nur sein. Die Stille gibt mir Kraft und lässt meine Gedanken durch die Farne, über die Sträucher und Bäume bis über die Baumkronen fliegen. Später lese ich nach, dass Waldspaziergänge eine gesundheitsfördernde Wirkung auf Körper und Geist haben und lächle in mich hinein. Der Wald lässt mich den Kreislauf des

Lebens verstehen und hilft mir
Vergänglichkeit akzeptieren und Neuanfänge
annehmen.

Ein weiteres Ventil für meine Trauer sind
Stift und Pinsel. Ich schreibe genau auf, was
mir an diesem Tag im Juni widerfährt und
wie ich mich fühle. Ich schreibe Briefe an
meinen Vater, in denen ich ihm alle Fragen
stelle, die ich noch habe. Wenn mein Kopf zu
zerspringen droht, weil das
Gedankenkarussell sich endlos dreht, lasse
ich all die vielen Impulse heraus und schreibe
sie auf. Ich muss sie nie wieder lesen, wenn
ich nicht will, keiner muss von ihnen wissen,
sie sind einfach nur da und belagern nicht
mehr meinen Kopf.
Ich male Bilder, die mich nicht loslassen, mit
Farbe oder Kohle auf Leinwand und Papier.
Mein Vater lebendig, meine Hand wie sie die
Tür öffnet, mein Vater in seinem Blut liegend,
immer wieder und von vorn. So schaffe ich es

mit der Zeit, das Grauen in völlig
unbedrohliche Linien umzuwandeln, die ich
auch einfach zerreisen kann, wenn ich will.

Unersetzbar sind für mich die Gespräche in
der „AGUS e.V. Angehörige um Suizid"
Gruppe, die einmal monatlich oder auch
unorganisiert privat stattfinden. Obgleich ich
einfach nur zuhöre und aufnehme oder
einfach nur weine und erzähle, ist es jedes
mal ein Geschenk, zu wissen, ich bin nicht
allein. Unabhängig davon, wieviel Zeit seit
dem Suizid vergangen ist, Angehörige von
Suizidenten sind immer willkommen und
werden garantiert nicht ohne ein
inspirierendes Wort, ein vertrautes Nicken
oder das Gefühl von Zugehörigkeit
nachhause gehen.

Nach dem Tod meines Vaters gehe ich für
mehrere Wochen nicht zur Arbeit. Ich
versuche es zwar nach zwei Wochen wieder

zu tun, weil das für unsere westlichen Kulturkreise typische Pflichtgefühl anklopft, jedoch merke ich schnell, dass mein Kopf dazu nicht in der Lage ist. Es gibt auch hier kein Allgemeinrezept für eine Zeitspanne, die für jeden Menschen angemessen ist. Jedoch ist es unabdingbar, sich Zeit für alle Dinge zu nehmen, die den Nachlass des Verstorbenen betreffen. Nie hätte ich erwartet, welche Lasten ein Toter mit sich herum trägt und wie grotesk eine Nebenkostenabrechnung des Vermieters wirkt, in der zwei Monate nach der Einsendung der Sterbeurkunde steht „Herr Zimmermann, wir wünschen Ihnen einen erholsamen Sommer".

Wenn man die Entscheidung trifft, sich psychotherapeutische Hilfe zu holen, kann es einige Zeit dauern, bis man den passenden Ansprechpartner gefunden hat. Ein Anruf oder eine Email beim psychosozialen Krisendienst kann wertvolle Zeit und vorallem Nerven sparen.

Irgendwann beschließe ich, wieder ins Arbeitsleben zurückzukehren und werde von meinen Kollegen in Watte gepackt. Als sie fragen, ob mein Vater denn in so jungen Jahren krank war und deshalb verschieden ist, erzähle ich ihnen den Grund. Ich schäme mich nicht dafür und sorge gleichermaßen für Verständis. Es mag nicht für alle Trauernden die diskreteste Lösung sein, ich habe mich von meinem Bauchgefühl leiten lassen, wie so oft in den letzten Wochen. Mir tut es gut, offen zu sein und mich nicht erklären zu müssen. Es tut auch gut, wieder täglich unter Menschen zu sein und gewissen Alltagsroutinen zu folgen, die langsam wieder leicht werden, weil jedes Aufstehen nach dem Weckersignal ein Erfolgserlebnis ist. Es hilft mir, zu mir selbst zu sagen „Schau, wie stark du bist. Du wirst es schaffen und glücklich weiterleben, trotz allem!"

Dieses Buch ist für mich ein Weg der
Heilung. Mit jedem Wort reflektiere ich Tag
für Tag, welche Erkenntnis ich zum Thema
Leben und Sterben dazugewinne. Einer
meiner Leitsätze im Alltag für unangenehme
Situationen wird „Es gibt Schlimmeres". Im
Hier und Jetzt aufmerksam zu beobachten,
wie meine Gedanken umherschweifen und
das Thema Tod immer weniger präsent und
durch positive Kindheitserinnerungen
abgelöst wird, schafft für mich einen inneren
Rückzug.

In einer meiner Sitzungen mit Herrn Winter
sagt er zu mir: „Frau Zimmermann, Sie
scheinen mir in besonderem Maße resilient.".
Ich weiß bis dato noch nicht genau, was
Resilienz überhaupt ist und google zuhause.
Resiliente Menschen sind in der Lage, aus
Krisen zu lernen und positiv weiterzuleben,

ohne sich für immer darin zu verlieren. Sein Leben mit sovielen positiven Erlebnissen und Erinnerungen zu füllen, wie nur möglich, ist ein Resilienzfaktor. Das bedeutet, wenn ich meine Zeit auf Erden mit Momenten fülle, die mir gut tun und an die ich mich in schweren Zeiten erinnern kann, um mir einen gedanklichen Rückzugsort zu schaffen, dann stehen meine Chancen gut, mit einem Schicksalsschlag besser umgehen zu können. Es ist nie zu spät, damit zu beginnen. Selbst wenn man bereits eine solche Krise durchlitten hat oder sich womöglich gerade inmitten dieser befindet, ist es nur ratsam, ab jetzt Dinge zu tun, die wortwörtlich Balsam für die Seele sind.

Flucht nach vorn

Ich stehe vor der Wahl, mich zu verkriechen und der Welt meine schwarze Kapuze noch ein Stück weiter überzuziehen, oder dem Leben die Stirn zu bieten und etwas aus meiner Zeit zu machen, die mir bleibt. Ich bin mittlerweile 26, also bleiben mir im besten Falle noch um die 60 Jahre. Immer wieder denke ich an die Beerdigung meines Vaters und dann über meine Eigene nach. Ich stelle mir einen Plan auf, nach dem ich meine restliche verbleibende Zeit auf Erden ausrichten möchte.

Mein Job macht mir Spaß, ich arbeite als Abteilungsleitung in einem schwedischen Modekonzern. Lange Zeit begebe ich mich auf Sinnsuche, zweifle am Sinn meiner Arbeit und überlege kurz zu kündigen und etwas zu tun, um der Menschheit etwas von mir zurück zu geben. Todesfälle und Abschiede haben diesen Effekt, sein eigenes Dasein und alles, was man tut, in Frage zu stellen.

Während ich dann T- Shirts falte und die Personalplanung schreibe, gehen meine Kollegen lächelnd an meinem Büro vorüber. Das ist es, was ich beitrage. Ich sorge dafür, dass meine Kollegen gern zur Arbeit kommen, sich wertgeschätzt fühlen bei ihren Aufgaben, die doch manchmal so banal sind. Deshalb möchte ich noch mehr Verantwortung übernehmen, will da anknüpfen, wo ich gerade wachstumsmäßig stehe. Ich werde Filialleitung.

Nach wenigen Monaten ist meine Einarbeitung vorbei, ich habe mir einen gebrauchten Dieselwagen gekauft und bin bereit, um täglich die Strecke nach Chemnitz zu pendeln, um für 35 Mitarbeiter verantwortlich zu sein. Ich bin unheimlich aufgeregt, weil ich doch grademal 26 bin. Die meisten meiner neuen Kollegen könnten meine Eltern sein. Ich weiß noch, wie ich an meinem zweiten Tag, auf die Frage, wie alt ich denn überhaupt sei, antworte, ich bin zwar erst 26, aber ich nehme die Sache genau so ernst, wie jeder Andere. Es ist schließlich noch kein Mittvierziger vom Himmel gefallen und war Filialleitung. Schnell gewöhnt das Team sich an mich und ich mich an sie. Ich habe gute Fühler, kann aus den Bedürfnissen meines Teams lesen und danach handeln. Die Arbeit ist abwechslungsreich, jeder Tag bringt neue Herausforderungen. Manchmal ist in meiner Spalte für den Wochentag im Kalender kein Platz mehr, bis ich kleine bunte Post Its benutze, um Termine und Gedanken zu notieren. Es ist ein unheimlich stressiger Job- positiv stressig wohlbemerkt.

Ich bringe eine Kollegin dazu, sich und ihr Leben zu hinterfragen, als wir in der Kantine sitzen und gemeinsam Mittag essen. Sie sei schon über 30 und studiere noch, weiß nicht recht wohin mit sich. Sie sieht es als Ansporn, Gas zu geben, weil ihre Vorgesetzte um Einiges jünger ist, und das kein Problem darstellt. An diesem Tag fühle ich mich wie Mary Poppins. Ich bin stolz auf das, was ich tue. Es tut gut, Anerkennung und Wertschätzung zu erhalten. Drei Monate später erhalte ich einen Anruf meiner Human Ressources Managerin, sie bietet mir eine Zusatzverantwortung an. Kurz darauf finde ich mich wieder in Hamburg, München, Berlin. Ich bin ab jetzt Trainer für Unternehmenskultur und darf noch mehr dazu beitragen, den Menschen ihren eigenen Beitrag am Großen und Ganzen bewusst zu machen.

Ich möchte nicht stehen bleiben, habe unheimlichen Tatendrang. Beginne, meine unzähligen Tagebucheinträge zu sortieren und zu strukturieren. Ich fange an, ein

Kapitel zu tippen und entwickle den Wunsch und das Ziel, einmal ein Buch daraus werden zu lassen.

Als mein Vater stirbt, lese ich jedes Buch zum Thema Suizid und Trauer, das mir in die Hände gerät. Ich werde unheimlich müde. Einen Tag nach seinem Auffinden tippe ich in die Googleleiste meines Smartphones ein "Papa hat sich erschossen" und stoße auf das gleichnamige Buch von der österreichischen Autorin und Journalistin Saskia Jungnickl-Gossy. Ich lese es drei Mail hintereinander. Mein Buch soll keine Blaupause davon sein, es ist meine Sicht der Dinge.

"Sie werden irgendwann Mal etwas Positives aus dem schöpfen können, was Ihnen da passiert ist" sagt mir mein Therapeut Herr Winter im hellgrauen Leinenhemd. "Es wird vielleicht ein wenig dauern und es scheint grotesk, aber alles im Leben hat etwas, dass sie dadurch dazulernen." Dieses Buch ist

meine Art, Menschen aufzurütteln, denen
etwas ähnliches widerfahren ist und eine
Aufforderung, ihr eigenes Leben als kostbar
anzuerkennen und zu nutzen. Ein Verlust
sollte kein Grund sein, sein eigenes Leben ins
Korn zu werfen. Viel mehr ist es eine
manchmal ziemlich laute Aufforderung, sein
Leben genauer unter die Lupe zu nehmen.
Wir haben nicht viel Zeit hier auf Erden, wir
sollten etwas aus dieser Zeit machen.

Denise

2010 beginne ich mein Studium der Anglistik
und bin ein bißchen verloren auf dem
riesigen Campus der TU Dresden unterwegs.
Teilweise muss ich mit dem Bus von
Vorlesung zu Vorlesung fahren, mir bleiben
nur 20 Minuten und ich sitze angespannt im
Bus, schaue immer wieder auf den Monitor
hinter mir, um die richtige Haltestelle nicht
zu verpassen. Mir gegenüber steht eine
rothaarige Studentin, die sich ähnlich nervös
verhält und mich schon früher bemerkt hat.
Es tut gut zu wissen, dass man nicht der
einzige verwirrte Erststudent hier ist. Als wir
dann gemeinsam an der selben Haltestelle
aussteigen, lächeln wir uns an und laufen
nebeneinander zum Hörsaal. Ihr Name ist
Denise und ab diesem Tag wird sie zu meiner
wichtigsten Bezugsperson außerhalb der
Familie. Wir teilen unheimlich viel, wie die

Liebe zum Reisen, zum Weintrinken und guten Büchern. Denise ist die loyalste, klügste und authentischste Frau, die mir je untergekommen ist. Mit ihrem langjährigen Freund Guido besuchen wir gute Punkkonzerte und verbringen unzählige Nächte mit zu viel Wein und unbezahlbaren Gesprächen. Nach ein paar Jahren fragt mich Guido, ob ich mit zum Juwelier kommen könnte, er möchte einen Verlobungsring aussuchen. Im Winter stehen wir an einer Glühweinhütte in der Neustadt, als Denise mich dann bittet, ihre Trauzeugin zu sein.

Am 30. Juni 2017 schreibe ich Denise eine Nachricht, erzähle ihr, dass mein Vater nicht mehr leben wollte und ich ihn tot gefunden habe. Guido bringt sie zu mir, um dann wieder heimzufahren, weil er uns Zeit geben will und keiner von beiden weiß, was jetzt richtig wäre. Sie sitzt dann einfach neben mir am Tisch, fragt mich „wie hat er es denn

getan?" und schweigt dann mit mir. Sie ist
wie ein Schutzengel, der auf meiner Schulter
sitzt. Denise und Guido nehmen sich beide
frei, um zur Beerdigung zu kommen. Sie
sitzen einige Reihen hinter mir, ich bin
unheimlich froh, dass sie da sind. Das lässt
dieses groteske Erlebnis, bei dem keiner
einem sagen kann, wie man sich richtig
verhält, etwas vertrauter wirken. „Es war
eine sehr schöne Beerdigung", sagen sie
nachher.

Denise schafft es, das Unbegreifliche für mich
in Worte zu fassen. Sie ist wie eine
Seelendichterin, die es schafft, mit mir das
Erlebte zu bearbeiten indem die unermüdlich
mit mir über den Tod philosophiert. Wenn
Andere meine Tränen zu vermeiden
versuchen, provoziert Denise sie, damit ich
mich ihnen stelle. Wenn ich kraftlos bin und
verzweifelt, ist Denise es mit mir, damit ich
es nicht allein bin. Und wenn ich in einem

Vogel am Himmel oder einem Blatt auf dem Gehweg eine Reinkarnation meines Vaters sehe, weil mir gerade danach ist, dann findet sie noch viele dieser kleinen Symbole und zeigt sie mir.

Es ist überlebenswichtig, sich in seiner Trauer einem Menschen zu öffnen und seine Gedanken zu teilen.

Denise ist meine Wegbegleiterin und ich bin ihre. Es ist, als hätte ich sie früher schon gekannt.

Grobes Leinen

"Frau Zimmermann! Gut gelaunt heute?"
Begrüßt mich Herr Winter in der Tür seiner
Praxis, die eigentlich eine Einraumwohnung
mit Stuck an der Decke in einem industriellen
Altbau ist. "Klar, die Sonne scheint!" antworte
ich, gehe durch die Tür an ihm vorbei in den
großen, hellen Raum und steuere auf meinen
Sessel zu. Heute ist unsere vorerst letzte
Sitzung. Ich mag den Raum, in dem zwei
Bücherregale stehen, mit Werken von Freud,
Kahnemann und Fromm. An der Decke
hängt eine Glühbirne, von der man sich nicht
sicher ist, ob sie noch auf ihren Schirm
wartet, oder den Industriechic unterstreichen
soll. Herr Winter trägt meistens Hemden aus
grobem Leinen, als ob er sich wie ein
Chamäleon in die groben Strukturen der im
Rohzustand gelassenen Altbauwände
einfügen möchte. Seit knapp einem Jahr hört

er mir zu, wenn ich erzähle, was ich am 30.06.2017 erlebt habe. Er scheut sich nicht, ins Detail zu gehen, mich nach der Farbe der Maden zu fragen, die ich 3 Tage nach dem Suizid meines Vaters auf dem Fußboden fand, weil der Bestatter nicht alle Kleinteile hatte aufsammeln können.

Er ist ein sehr intelligenter Mensch und es tut gut, mit ihm zu philosophieren. Er ist ein Fremder und steckt doch mittendrin.

"Was kann ich noch für Sie tun?" fragt er mich irgendwann, nachdem ich selbst nicht mehr weiß, aus welcher Perspektive sich der Tod meines Papas noch betrachten ließe. "Sie sind ein sehr resilienter Mensch. Sie machen das ganz wunderbar, es gibt nichts, was ich Ihnen noch raten könne."

Ich laufe das geschwungene Treppenhaus hinunter. Draußen sitzen hübsch angezogene Menschen vor dem Cafe und unterhalten sich über den neuen Deadpool Kinofilm. Ein kleines Mädchen verliert seine Kugel Eis, sie landet auf dem Boden, kräftig rotes Erdbeereis, der mit den kleinen Steinen auf dem Gehweg einen klebrigen Matsch bildet. Ich lächle für mich selbst, lächle Passanten auf dem Nachhauseweg an, atme tief in mich hinein und befehle meinem Kopf, "Jetzt nicht!" Ich habe beschlossen, selber zu entscheiden, wann das Horrorbild Hallo sagen darf, und wann nicht. Jetzt habe ich einfach keine Lust, zu trauern. "Sie können das nicht einfach kontrollieren", sagt Herr Winter, "nach der Devise, 'jetzt heul' ich noch ein halbes Stündchen und dann geh ich zur Arbeit', Sie müssen der Trauer einen Raum geben!" Damit hat er schon Recht, ab und zu. Doch dann sind da wieder diese Tage, an denen ich schlichtweg keine Lust darauf habe.

Glück

So viele Schritte
endlose Wege
Um das zu suchen
was zu finden nicht lohnt

Die Rituale immer ertragen
die man ertragen muss
Um gut zu sein

Ob du gehst oder bei dir bleibst
Liebst oder quälst egal
Am Ende muss Glück sein

So viele Tränen von dir gegeben
In tiefem Leid
und in endloser Liebe

Auf schmalen Schultern
Lasten getragen
Viel zu schwer

für die Stärksten der Welt

Doch dich trägt eine Gewissheit
Alles kann werden und
Am Ende wird Glück sein

Friedemann Hinz

4.Oktober

Heute wäre mein Vater 65 geworden. Nach der Arbeit wäre ich zum Bäcker gefahren, hätte Mohnkuchen gekauft, weil das der einzige Kuchen ist, den er mag. Dann wäre ich nach Hennersdorf gefahren, hätte Vati gedrückt und ihm ein Buch geschenkt, vielleicht über den 2. Weltkrieg oder aktuelle Weltpolitik. Er hätte dann gesagt „Mädel, du sollst doch nicht! Ach Mensch, besten Dank." und mich gedrückt. Während ich Kaffee koche, hätte er das Buch schon durchgeblättert und den ersten Kommentar zu dem abgegeben, was drin steht. Die Redewendung „Bücher verschlingen" wurde garantiert erfunden, als jemand meinem Vater beim Lesen zugesehen hat. Zusammen mit Oma hätten wir dann Kaffee getrunken und Kuchen gegessen, während Vati in seinem neuen Buch liest und so hastig seinen

Mohnkuchen isst, dass kleine Stücke in seinem Bart hängen bleiben.

Heute besuche ich das Grab meines Vaters im Friedwald der Dresdner Heide, dort liegt seine Asche im Waldboden, ohne Grabstein und einfach mitten in der wilden Natur. Es ist ein unheimlich schöner Ort, es duftet nach Harz und kein Mensch ist weit und breit. Ich habe Gingkoblätter mitgebracht, die ich von meinem Baum zuhause abgeerntet habe, um sie als Grabschmuck mitzunehmen. Zu Blumen und jeglichem klassischen Grabschmuck hätte er gesagt „so ein Gestrüpp!" Ich muss lachen über diesen Gedanken und darüber, wie eigensinnig mein Vater war. Ich ordne die Gingkoblätter kreisförmig auf der Stelle an, unter der die Urne ist und stelle ein Windlicht in die Mitte. Wenn man nach oben schaut, ist genau zwischen den Baumkronen eine Lichtung.

Zuhause angekommen esse ich mit Carsten
ein Stück Mohnkuchen. „Wie hat dein Vater
denn seinen Kaffee getrunken?", fragt er
mich, und gibt drei Löffel Zucker in seinen
schwarzen Kaffee.

Gütiges Lächeln.

Nachwort

Ich hoffe dass du mit diesem Buch ein bißchen deiner Wut, Angst oder Verzweiflung wiederfinden konntest und siehst, dass du nicht allein damit bist. In Momenten, auf die man sich niemals vorbereiten kann, sollte irgendwo ein Hoffungsschimmer zu sehen sein, damit man sich nicht vollkommen im Schmerz verliert. Dir ein wenig davon zu geben, war mein Anliegen der vergangenen Kapitel.

Mir ist wichtig, zu betonen, dass es schier unmöglich ist, den Suizid eines Angehörigen aus eigener Kraft zu verarbeiten. Auch wenn Isolation und das Bedürfnis nach Raum zum Nachdenken ein natürlicher Schutzmechanismus sind, ist Hilfe von außen unabdingbar. Nicht jeder hat dieselben Bedürfnisse, du musst selbst fühlen, welche

Trauer- und Traumabewältigung für dich die nachhaltigste ist. Nicht umsonst heißt das Wort „Trauerarbeit". Es ist harte Arbeit, sich mit all dem auseinanderzusetzen, was doch so sehr schmerzt. Es ist in etwa wie eine lange Bergwanderung: zu Beginn scheint der Anstieg immer steiler und schweißtreibender, man fühlt sich dem Aufgeben oft nahe. Doch irgendwann werden die Laufmuskeln immer kräftiger und jeder Fels, der den Aufstieg erschwert, wird mit mehr Leichtigkeit von dir genommen. Denk daran, dass dein Umfeld und deine Erinnerungen die Karabinerhaken und Seile sind, die dich festhalten. Wenn du auf dem Berg angekommen bist, wirst du dich fragen, wieviel Zeit seitdem vergangen ist. Dabei ist unbedeutend, ob deine Wanderung ein paar Monate, Jahre oder Jahrzehnte gedauert hat.

Den Berg zu erreichen bedeutet nicht, dass Trauer irgendwann ein Ende hat. Der

Gedanke, dass ich einmal nicht mehr um meinen Vati trauere, ist schrecklich. Nur werden mit der Zeit die akute Trauer, die Hilflosigkeit und Überwältigung nicht mehr soviel Kraft in Anspruch nehmen, wie zu Beginn. Es sind die Erinnerungen an die geliebte Person, die Stimme die man leise im Kopf hat und die Bilder, auf denen man gemeinsam glücklich war, die denjenigen weiterleben lassen.

Es ist Juli, vor 13 Tagen hat sich der Todestag meines Vaters zum zweiten mal gejährt. Ich sitze im dritten Zimmer unserer Dreiraumwohnung auf der Couch und tippe auf meinem Laptop, während ich vor mir auf das graue Bettchen schaue und den bunten Stoffaffen betrachte, der darin sitzt. Beim Tippen ist mir manchmal mein Bauch im Weg, der seit Januar immer größer wird. Carsten und ich bekommen im Oktober unser erstes Kind, einen Sohn.

Im Oktober wäre mein Vati 66 und zum ersten Mal Opa geworden.

„Nimm alles fröhlich an....antworte tapfer!"

Jeanne la Pucelle

Dank

von ganzem Herzen gilt mein Dank

meiner Mutter Irina Zimmermann

Carsten Stiller

Denise & Guido Müller

Meiner Tante Kerstin

Johannes Philipp

Sieghard Sommer

der Regionalgruppe Dresden AGUS
Angehörige um Suizid e.V.

und dem jungen Mann, der mich mitten auf
der Straße im Juli 2017 fragte, ob ich eine
Umarmung brauche.

Herstellung und Verlag:
BoD – Books on Demand, Norderstedt
ISBN: 978-3-7504-0665-0

196